AI와 회계사

AI문고

인공지능 시대입니다. 기계가 인간의 인지를 대신하고, 사물이 인간을 통하지 않고 다른 사물과 직접 커뮤니케이션합니다. 이에 따른 인간 삶과 문명 변화를 정확히 이해 · 예측 · 대응하는 것은 이 시대 우리 모두의 과제입니다. AI문고는 인공지능 기술과 환경의 여러 주제를 10가지 키워드로 정리합니다. 관련 개념과 이론, 학계와 산업계의 쟁점, 우리 일상의 변화를 다룹니다. 인간과 기술의 현재, 미래를 세심히 분석합니다.

일러두기

- 인명, 작품명, 저서명, 개념어 등은 한글과 함께 괄호 안에 해당 국가의 원어를 병기했습니다.
- 외래어 표기는 현행 어문규정의 외래어표기법을 따랐습니다.

처음이세요?

전문가세요?

AI와 회계사

윤양인

대한민국, 서울, 커뮤니케이션북스, 2025

AI와 회계사

지은이 윤양인
펴낸이 박영률

초판 1쇄 펴낸날 2025년 5월 8일

커뮤니케이션북스(주)
출판 등록 2007년 8월 17일 제313-2007-000166호
02880 서울시 성북구 성북로 5-11
전화(02) 7474 001, 팩스(02) 736 5047
commbooks@commbooks.com
www.commbooks.com

ISBN 979-11-430-0015-6 03500

책값은 뒤표지에 표시되어 있습니다.

차례

회계사 시험에 IT 분야 비중 확대

인공지능은 이제 컴퓨터를 전문적으로 다루는 업종에서만 관심 있게 지켜보았던, 일부 산업에 국한된 기술이 아닌 모두의 업무에 밀접하게 관련된 기술이 되었다. 특히 2022년 말 OpenAI의 ChatGPT가 발표된 이후 매년, 아니 매달, 새로운 기술과 기능이 발표되고 있다. 특히 OpenAI의 ChatGPT 이외에도 이와 유사한 수준의 인공지능 모델이 소개되면서, 인공지능 기술을 자신의 업무에 활용할 수 있는 방법을 모색하는 것이 매우 중요하게 되었다.

회계 분야 또한 이 영향에서 떨어져 있지 않다. 이 책에서는 회계 분야에 인공지능이 어떻게 적용되어 왔으며 앞으로 어떻게 적용할 수 있을지, 또한 인공지능을 적용하는 과정에서 특별히 고려해야 할 점은 무엇인지 등을 중심으로 논의할 예정이다. 아울러 이에 대한 이해를 돕기 위해 관련 부분마다 개론적인 수준에서 인공지능 기술을 소개하고자 한다.

회계사 시험에 IT분야 비중 확대

회계는 방대한 자료를 처리하는 분야이므로 이미 오래 전부터 효과적으로 자료를 관리하기 위해 지속적으로 노력했다. 특히 새로운 정보 기술(IT)이 나타날 때마다 이를 활용해 효율적이고 효과적으로 업무를 처리했다. 즉, 대규모 언어 모델 등 인공지능이 각광받기 이전부터 정보 기술을 적극적으로 적용하는 분야라고 할 수 있다. 2022년 말 ChatGPT가 공개되기 2년 전인 2020년 12월 금융위원회는 우리나라 공인회계사 시험의 개편을 발표했다. 2007년 변경된 시험제도 개편 이후 14년 만에 IT 관련 출제 비중 확대를 중심으로 하는 개편 내용을 발표한 것이다(금융위원회, 2020). 이후 추가적인 의견 수렴 등을 통해 2025년 공인회계사 시험부터 변경된 시험이 시행될 예정이다.

전문직인 회계사 시험에 IT 분야가 공식적으로 확대된다는 것은 그만큼 회계사들도 IT 지식을 직접 알고 있어야 한다는 뜻이고, 실제로 그 이상의 의미가 담겨 있다. 시험 과목에 IT가 포함된다는 것이 현재 회계사들이 IT 기술을 모른다는 의미는 아니다. 현재에도 회계실무에 IT 기술을 밀접하게 활용하는 분야가 많이 있고, 회계사 중에도 뛰어난 IT 능력으로 다방면에서 활약하고 있는 전문가들이 많이 있다. 그들은 다양한 측면에서 혁신을 이끌고 있다.

하지만 IT 기술을 겸비한 회계사가 양수겸장의 뛰어난 성과를 발휘한 것이 과거에는 선택이었다면 이제는 회계사 업무를 수행하려면 IT 기술을 필수적으로 알고 있어야 하며, 이러한 시대의 변화를 반영, 회계사 시험에 IT 기술이 포함된 것으로 볼 수 있다. 이제 회계사 시험 응시 자격을 얻기 위해서는 정보 기술(IT) 과목을 3학점 이수해야 하고, 2차 과목인 회계감사에서도 IT관련 비중이 5%에서 15%로 확대되었다.

앞으로 관련 장에서 다시 논의하겠지만, 회계감사를 진행하기 위해서는 고객 회사의 정보 시스템에 대한 이해와 이를 바탕으로 관련 시스템을 활용, 정보를 분석하는 것이 필요하다. 이를 위해서는 기존의 수작업에 기반한 업무 방식으로는 변화된 경제 환경에 효과적으로 대응하기 부족하다고 판단, 정보 기술 관련 부분을 확대 개편한 것으로 평가할 수 있다. 참고로, 회계사의 활동 범위는 다양하다. 시험 과목을 살펴보면, 1차 시험에는 회계학, 경영학, 경제학, 기업법(상법, 공인회계사법, 외감법), 세법이 포함되어 있고, 2차 시험에는 재무회계, 원가관리회계, 회계감사, 세법, 재무관리가 포함된다. 기업 경영 전반을 포괄적으로 포함하는 자격증이라고 할 수 있다(기업의 세무 업무와 함께 소득세, 양도세 등 개인이 납부하는 세금도 세법의 시험 범위에 포함되어 있다). 그러므로 회계사 시험에 IT가 필수 선수 과목으로서의 이수가 요구되고, 시험 비중이 확대된 것은 이제 회계 분야 및 기업 활동, 그리고 넓게는 모든 경제활동에 종사하는 직업에서 정보 기술(IT)을 습득하고 활용 능력을 보유하는 것이 필수가 된 것이라고 할 수 있다.

이 책의 예상 독자 및 집필 방향

이 책은 회계 업무 또는 회계사의 업무에 인공지능이 어떻게 활용되어 왔는지, 그리고 인공지능을 회계 업무에 적용할 때 고려할 사항에 대해 논의한다. 회계와 인공지능이라는 두 가지의 주요 개념을 중심으로, 상대적으로 회계 업무에 익숙한 독자에게 인공지능이 어떻게 활용될 수 있는가에 대해 다루었다. 구체적으로는, 기업에서 회계 업무를 배정받은 초년의 신입 사원과, 앞으로 회계 분야에 진출할 계획으로 회계사 시험을 준비 중인 수험생들, 아울러 회계사 시험에 합격해 회계법인에 입사한 수습 공인회계사들을 우리의 일차 독자로 상정하고 집필했다.

물론 이 책은 다른 여러 독자들에게도 도움이 될 것으로 생각한다. 회계는 기업 활동 전반에 관련되므로, 기업에 종사하는 임직원은 회계 분야에 인공지능이 어떠한 방식으로 적용되는지를 이해하게 되면, 자신의 업무에도 유사하게 적용할 수 있는 아이디어를 얻을 수 있을 것이다. 인사관리, 세일즈(마케팅) 등 다양한 사무직도 이 책에서 소개하는 개념을 활용, 자신의 업무에 적용할 수 있으리라고 기대한다.

이 책의 방향은 회계를 중심으로 인공지능의 개념과 활용 사례를 소개하는 것이다. 따라서 인공지능 또는 IT 기술에 대해 사전지식이 없다고 가정하고, 이들 개념과 작동 원리 등에 대해 소개하는 부분도 일부 포함되어 있다. 이 책을 바탕으로 본인의 업무와 관련되는 기술이나 관련 인공지능 모델을 보다 정확하고 체계적으로 알아보기 위한 소개서의 역할을 담당하고자 했다.

이와 함께 인공지능에 대한 전문지식을 보유한 독자들에게도 도움이 되고자 노력했다. 이들 독자들은 인공지능 개념을 설명하는 부분은 생략해도 괜찮을 것이다. 회계는 대표적으로 법적인 규제가 많이 존재하는 영역이다. 따라서 인공지능을 적용하는 과정에서 기술적으로는 구현이 가능하더라도 법적인 규제로 인해 모든 기술을 도입할 수 없는 분야도 존재한다. 또한 이러한 규제로 인해, 인공지능 기술을 도입할 경우 규제 위반으로 오해받거나, 오히려 (인공지능을 사용하기 전보다) 책임범위가 증가해 불리한 상황에 노출되는 것으로 해석될 가능성이 있는 사례 등도 존재한다. 이들 사례들을 소개함으로써 인공지능에 대한 전문 지식을 갖춘 독자들도 인공지능 기술을 실제 특정 사례에 적용할 때에 고려가 필요한 부분을 소개하고자 했다. 이를 통해 현업 담당자들의 입장을 다각적으로 고려하고 이해하는데 도움을 받을 수 있을 것으로 기대한다. 그리고 이러한 규제를 효과적으로 해결할 수 있는 새로운 인공지능 모델을 개발하는 착안점을 이 책을 통해 얻을 수 있기를 기대한다.

이 책에서는 주된 가정을 영리기업이 작성하는 회계기록에 초점을 맞추어서 집필했다. 하지만 회계는 정부, 비영리기업, 법인 이외의 단체 등에서도 작성하고 활용하고 있다. 따라서 이들 조직에서도 이 책에서 소개된 내용을 적용하거나 업무에 참고할 수 있을 것이다.

이 책의 1장에서는 인공지능의 원리를 간략하게 소개하고, 2장에서는 회계정보의 산출 측면에서 인공지능 활용을 논의한다. 3장에서 5장까지는 회계사의 주요 업무인 회계감사와 인공지능이 접목된 내용을 소개한다. 6장에서는 최근 빠르게 발전하고 있는 인공지능 모델의 최근 성능 개선을 중심으로 논의하고, 7장에서는 기업의 회계와 관련되는 업무 절차인 내부통제(내부회계관리제도)와 인공지능의 활용 사례에 대해 논의한다. 9장에서는 인공지능 모델을 회계 분야에 더욱 특화해 활용하려는 시도를 소개하고, 10장에서는 회계에 인공지능을 적용하는 과정에서의 향후 과제에 대해 같이 살펴본다.

회계사의 진출 분야

회계에 대한 정의는 미국공인회계사회(AICPA), 미국회계학회(AAA) 등 기관에서 시기에 따라 조금씩 다르게 정의하고 있다. 이 책에서는 회계를 "기업의 활동을 측정해, 기록하고, 평가하는 정보교환 활동"으로 정의하고자 한다. 그리고 공인회계사는 "회계이론, 회계기준(감사기준) 및 회계 관련 법률 등 제반 규제를 고려하며 경제주체의 활동을 지원, 자문, 인증 등을 수행하는 법에서 정한 자격을 갖춘 사람"으로 정의하고자 한다.

따라서 회계는 단순히 기업이 일상적으로 반복되는 거래를 장부에 기록하는 업무만을 의미하지 않는다. 회계 업무는 일정 기간 동안 발생한 경제활동들을 재무제표 등의 압축적 형태로 기록하고, 이러한 기록에 대한 인증, 해석, 활용 등의 업무를 포괄하므로 다양한 분야에서 회계사를 필요로 하고 있다. 또한 회계사는 회계 및 관련 규제에 대한 지식을 보유하고 있다는 자격을 의미하므로, 개인의 선택에 따라 다양한 직종에 진출해 활동하는 것이 가능하다.

이후의 논의를 위해 회계사 자격 보유자가 수행하는 대표적인 업무에 대해 간단히 소개하고자 한다. 첫째로, 회계사 특히 공인회계사의 대표적인 업무는 회계감사다. 회사(조직)는 재무제표 형태로 회사의 경영 실적을 요약해 회계기록으로 작성한다. 대다수의 회사는 올바르게 회계기록을 작성하지만 다양한 원인으로 인해 오류 및 부정이 포함될 가능성이 존재한다. 이럴 경우 사실과 다른 회계기록이 발표되고, 이러한 잘못된 회계기록을 신뢰해 회사에 대한 투자 등을 진행할 경우 선의의 피해자가 발생할 수 있으므로, 회사의 재무제표의 신뢰성은 매우 중요하다. 따라서 회사가 작성한 재무제표가 올바르게 작성된 것인지에 대해 점검하는 절차를 법으로 강제하고 있다(외감법 제4조). 회계감사는 이러한 측면에서 회사와 독립된 실체인 공인회계사가 회사가 작성한 재무제표가 회계기준에서 정하고 있는 대로 작성되었는지 확인하고 의견을 제시하는 업무다.

제한된 시간에 회사의 모든 기록을 처음부터 끝까지 자세히 확인하는 것은 불가능한 경우도 많으며, 비용 대비 효익을 고려할 경우 적절하지 않으므로, 전통적으로 회계감사 시에 진행할 사항을 회계감사기준으로 정하고 이들 절차를 공인회계사가 수행해, 회사의 재무제표를 확인하고 이에 대해 의견을 발표하게 된다. 공인회계사가 일차적으로 확인해 발표한 의견이 첨부된 재무제표를 활용해 일반 투자자 및 은행 등 기업의 이해관계자가 각자 자신의 투자, 자금 대여 등의 의사 결정을 진행하게 된다.

하지만 앞서 언급했듯이 공인회계사가 모든 기록을 일일이 확인하는 것은 불가능하거나 비용 대비 바람직하지 않은 경우가 대부분이다. 또한 고의로 회사가 허위 자료를 제출하는 경우 회계사는 강제수사권이 없고, 회계감사에서는 정교하게 위조된 문서의 감정이나 문서의 진위를 정확히 감별하는 수준의 내용을 요구하지 않는다. 최근 30년의 사례를 보면, 회계사가 점검하는 회사의 재무제표가 사실과 다르게 작성되었을 가능성이 항상 존재한다. 즉, 회계감사를 진행했다 하더라도 회계감사의 한계가 존재하는 것이다.

만약 사후적으로 회사의 재무제표가 잘못 작성된 것

으로 밝혀질 경우, 회계감사가 적절하게 진행되었는지 여부에 대해서는 논란이 필연적으로 발생하므로, 회계사는 사전적으로 회계감사 수행 시에 이러한 회계감사의 한계를 최대한 줄이려고 노력한다. 이 과정에서 인공지능이 새롭게 활약할 수 있다.

회계감사는 기본적으로 이 책의 모든 장과 관련되며, 특히 3~5장, 7장, 8장은 직접적으로 관련된다.

둘째로, 회계사는 독립적인 제3자의 위치에서 감사 이외의 다양한 인증(assurance) 서비스를 제공할 수 있다. 회사가 작성한 재무제표가 회계기준에 따라 작성되었는가를 확인해 의견을 표명하는 것이 앞서 살펴본 회계감사 업무다. 이를 확대해, 회사가 작성한 다양한 보고서가 특정 기준에 맞게 작성되었는가를 독립적인 위치에서 확인하고, 이에 대한 의견을 제시하는 것을 인증이라고 한다. 회계감사도 이러한 인증 서비스의 한 종류라고 할 수 있다.

회사는 재무제표 이외에도 다양한 보고서를 정기적으로 발표한다. 회계사는 독립적인 위치에서 이러한 보고서가 적정하게 작성되었는지에 대해 의견을 제시할 수 있다. 이렇게 회계사의 의견이 첨부될 경우, 회사의 보고서에 대한 신뢰성이 높아지고, 회사가 발표하는 보고서를 이해관계자가 활용하게 된다. 회사가 발표하는 정보는 온실가스 배출량 및 ESG와 관련된 다양한 보고서 등이 있다. 온실가스 배출량을 집계하는 기준을 바탕으로 특정 회사가 일정 기간 동안 배출한 온실가스 배출량이 올바르게 산출되어 측정되었는지 관련 증빙 자료를 검토해 확인하고, 회사의 발표 수치가 기준에 부합해 산출되었는지 의견을 발표하게 된다. ESG와 관련해서도 회계사는 ESG 보고서에 포함된 다양한 정보가 사실에 부합해 작성되었는지 확인하고 이에 대한 의견을 제시한다. 대표적인 ESG 보고서로는 현재 한국거래소 ESG 포털에서 확인할 수 있는 지속가능경영 보고서와 기업지배구조 보고서가 있다. 그중 지속가능경영 보고서에는 인증기관의 인증서가 함께 첨부되어 있으며, 회계사로 구성된 회계법인은 이러한 인증 업무를 수행할 수 있다. 회계감사와 유사하게 의견을 발표하기 위해서는 회사로부터 다양한 자료를 제출받아 이를 확인하고, 기준에 부합하게 작성되었는지에 대한 확인이 필요하다. 이러한 과정에서 인공지능을 활용할 수 있다. 회계사가 수행하는 인증 업무 또한 회계감사와 유사하다. 특히 정보 수집 및 분석이 중요하며, 이 책의 3~6장의 내용을 활용할 수 있을 것이다.

셋째, 회계사는 회사를 위해 직접 재무제표를 작성하는 업무를 진행할 수 있다. 회사는 회계사 자격증 소지자를 임직원으로 고용하거나, 외부 회계사에게 재무제표 작성 업무를 의뢰할 수 있다. 통상 Private Accounting(PA) 서비스 등의 명칭으로 불리고 있으며, 이렇게 작성된 회사의 재무제표는 PA 서비스를 수행한 회계사가 아닌 다른 독립적인 별도의 회계사에게 회계감사를 받게 된다. 회계정보를 일차적으로 생산하는 부분인 만큼 올바른 회계정보를 정확하고 효율적으로 산출하는 것이 중요하다. 기업 규모가 일정 수준 이상이 되는 경우에는 기업의 일상적인 거래는 IT 기술을 활용한 ERP(전사적 자원 관리, Enterprise Resource Planning) 시스템을 사용해 회계정보를 산출하고 있다. 또한 과거에는 산출된 결과물인 회계정보(재무제표)에 중심을 두었다면, 최근에는 회사가 회계정보를 산출하는 프로세스 및 업무 방식을 보다 중요하게 생각하고 있다. 회계정보가 산출되는 과정이 올바르게 관리된다면, 그 결과 산출된 기업의 회계기록도 올바르게 작성 및 관리된다는 논리에 기초한다. 이렇게 회계정보를 산출하고 관리하는 과정에 IT 기술이 관련되며, 효율성과 효과성 향상을 위해 인공지능이 활용될 수 있다.

회계정보를 직접 생성하는 업무에 인공지능을 활용하는 사례는 이 책의 2장과 7장이 직접적으로 관련된다. 그 밖의 6장 및 9장도 활용할 수 있을 것이다.

넷째로, 회계사는 기업의 부정 조사 및 적발과 관련된 업무를 수행할 수 있다. 주요 대형 회계법인은 포렌식(forensic) 조직을 운영하고 있으며, 기업의 업무 프로세스에 대한 이해가 깊고, 거래 기록의 점검에 대한 노하우를 회계사가 보유하고 있는 경우가 많아 이러한 업무를 수행한다. 기업에서 횡령 등 부정과 관련된 사고가 발생하고 있어, 이러한 업무에 대한 수요가 증가하고 있다. 또한 관련 외감법 등에서도 제22조(부정행위 등의 보고) 제2항과 제3항에서 "감사인은 회사가 회계처리 등에 관해 회계처리 기준을 위반한 사실을 발견하면 감사 또는 감사위원회에 통보"해야 하며, " 회사의 회계처리 기준 위반 사실을 통보받은 감사 또는 감사위원회는 회사의 비용으로 외부 전문가를 선임해 위반 사실 등을 조사하도록 하고, 그 결과에 따라 회사의 대표자에게 시정 등을 요구해야 한다"라고 이러한 절차를 진행하는 것이 의무로 규정되어 있다. 마치 해외 드라마 CSI(Crime Scene Investigation)에서 혈흔 DNA, 상처의 모습, 범죄 현장의 증거를 수집해, 과거의 진실을 규명하고 범인을 밝히는 것과 유사하다. 회계사가 진행하는 부정 조사는 회사의 내부 및 외부 기록을 조사해 기업의 부정이 존재하는가를 규명하고, 관련 거래의 규모 및 사실관계를 조사해 회사 및 이해관계자에게 제출하는 업무를 수행한다. 특히 부정으로 발생한 거래는 진실을 은폐하기 위해 관련 자료와 내용이 사실과 다르게 기록되어 있거나, 쉽게 발견할 수 없도록 숨겨져 있는 경우가 많다. 이러한 상황에서 정확한 사실관계를 밝히기 위해서는 데이터 분석 능력이 필요하며, 관련 자료가 전산 자료로 기록된 현실을 고려한다면, IT 기술에 대한 이해와 이를 효과적으로 활용할 수 있는 능력이 필요하다. 물론 기업의 영업 활동 및 그에 따른 정상적인 산출물과 비정상적인 산출물(기록)을 구분할 수 있는 능력은 기본일 것이다. 이러한 업무에 인공지능을 활용할 수 있다.

이 업무와 관련해, 기본적으로 회계감사와 관련된 부분을 유사하게 적용할 수 있을 것이다. 특히 전수조사 방식의 데이터 분석인 5장, 8장은 밀접하게 관련된다.

다섯째로, 회계사는 조세 업무를 지원한다. 회계와 조세는 같으면서도 다르다. 법률에 따라 규정된 방식으로 계산된 금액(주로 이익)에 세율을 적용해 세금을 계산하고 납부하게 된다. 이 과정에서 세무상 이익이 많은 경우 회계상 이익과 유사한 방식으로 계산하게 되지만, 구체적인 절차에서 차이가 있는 경우 조정하는 것이 필요하다. 이런 세무 관련 업무에서도 인공지능 또는 정보 기술을 활용할 수 있다. 세무 업무와 관련해서는 2장 및 자문 업무와 관련된 9장을 활용할 수 있을 것이다.

여섯째로, 회계사는 기업 및 산업에 대한 이해를 바탕으로 다양한 경제적 자문 서비스를 제공하고 있다. 이러한 자문(컨설팅) 서비스의 예로서는 기업 인수 및 합병(M&A) 자문 등이 있다. 이 업무 수행을 위해서는 기업의 재무 상황을 정확히 파악하는 것은 기본이고, 향후 상황을 정확히 예측하는 것 또한 중요하다. 이러한 예상 등을 바탕으로 자본시장에서 기업의 미래 가치 평가 등을 수행하고, 관련 자문을 진행한다. 이 업무에서 인공지능이 폭넓게 활용될 수 있다.

보다 정확하게 기업을 분석하기 위해서는 다양한 정보를 고려하는 것이 필요할 것이다. 정보 수집 등을 설명하고 있는 이 책의 3~5장을 활용할 수 있을 것이다.

이외에도 회계사가 진출하거나 수행하는 업무는 무궁무진하다. 국제 통상에서 분쟁이 발생했을 경우, 이에 대응해 불리한 처분에 대응하는 등의 업무도 진행한다. 또한 기업 이외에도 중앙정부, 지방자치단체, 비영리 법인, 아파트(공동주택)의 관리비 및 회계 등의 회계감사 등의 업무도 수행하는 등 비용의 집행 및 금융거래 등의 기록과 기록 검증과 관련된 모든 분야의 관련 업무를 담당하고 있다. 이러한 부분에 인공지능을 활용해 효과성 및 효율성을 개선하고 있으며, 앞으로도 지속적으로 인공지능을 적용할 것으로 예상된다.

인공지능과 빅데이터, 정보 기술

인공지능, 빅데이터, 정보 기술은 엄밀히 각각 다른 의미를 갖고 있다. 먼저 빅데이터는 그 표현에서 짐작할 수 있듯이, 많은 자료를 의미한다. 이러한 자료의 수집과 관리에도 비용이 수반한다. 하지만 기술의 발전으로 정보 수집 및 관리 비용이 낮아짐에 따라 다양한 방식으로 정보가 축적되고 있다. 그리고 이렇게 축적된 정보는 기존에 시도하지 않았던 방식으로 유용하게 활용된다. 빅데이터의 유용성이 증가하면서 기존에 수집하지 않았던 자료들도 수집되기 시작했고, 데이터의 수집 및 누적이 가속화되고 있다.

회계와 마찬가지로 인공지능도 다양한 정의가 존재한다. 후자는 사람의 지능을 컴퓨터에서 구현하려고 시도하는 기술 등으로 정의할 수 있다. 사람의 지능은 간단한 문제에서부터 복잡한 문제에 이르기까지 다양한 수준의 문제를 해결할 수 있다. 마찬가지로 인공지능도 해결해야 할 문제의 수준에 따라 다양한 수준의 인공지능으로 분류할 수 있을 것이다. 이 정의에 따르면 간단한 사칙계산을 하는 컴퓨터 프로그램도 광의의 인공지능이라고 할 수 있을 것이다. 하지만 일반적으로 통용되는 인공지능은 다양한 문제를 제시하고 이에 대한 답변을 받아, 답변을 한 주체가 사람인지 프로그램인지 구별할 수 없을 정도의 수준(튜링 테스트)으로 정의하기도 한다. 최근에는 인간이 일상생활에서 사용하는 언어의 해석 및 작문, 그림의 인식 및 그림 생성, 로봇의 작동 등에서 인간의 수준에 근접하도록 발전했으며, 그 발전 속도가 최근 5년 사이에 급속도로 진행됨에 따라서 튜링 테스트의 의미에 근접한 인공지능을 논하게 되었다.

이 책에서는 인공지능을 보다 넓은 의미에서 "주어진 문제를 인간의 개입이 없거나 최소한의 개입으로 컴퓨터가 자동화된 방식으로 해결하는 능력"으로 정의하고자 한다. 물론 우리는 최근 높은 수준으로 발전한 인공지능을 중심으로 논하겠지만, 필요에 따라서는 낮은 수준의 프로그램도 인공지능이 관련 분야에서 중요한 역할을 수행한 경우에는 인공지능으로 지칭했다.

빅데이터와 인공지능을 실제로 구현하기 위해서는 정보 기술을 활용하게 된다. 정보 기술을 활용해 빅데이터를 수집, 분석, 활용한다는 점에서, 이 책에서 빅데이터를 사용하는 것과 정보 기술을 사용하는 것을 혼용해 표기했다. 또한 인공지능도 정보 기술을 활용해 인공지능을 구현하므로, 인공지능과 정보 기술을 혼용했다. 엄밀하게 분류하면 인공지능이나 빅데이터는 아니지만, 정보 기술로 분류할 수 있는 개념도 있다. 빅데이터 개념이 존재하기 이전부터 자료를 처리하기 위해 사용했던 데이터베이스, 기업의 ERP 등은 현재의 높은 수준의 인공지능과 빅데이터의 개념 출현 이전부터 존재했다. 또한 인공지능 모델의 훈련 등 인공지능의 실제적인 구현에 빅데이터가 활용되어 현재의 높은 수준의 인공지능이 출현된 측면도 존재한다.

따라서 이 책의 제목 "AI와 회계사"는 AI, 빅데이터, 정보 기술을 모두 포함하거나 때로는 이들 개념을 혼용했다. 각각의 개념을 정확히 구분하지 못한 부분에 대해서는 독자의 양해를 구한다. 이들 개념은 서로 밀접하게 연관되어 있으므로, 우리는 관련 되는 개념을 이해하고 그것이 회계 분야에 어떻게 적용되는가에 초점을 맞추었다. 이를 통해 이 책의 주제인 인공지능과 회계사에 대해

보다 폭넓게 이해할 수 있기를 희망한다.

참고문헌

금융위원회(2020.12.21). 공인회계사 시험 및 실무수습교육 제도의 개선방안을 마련했습니다.

01
인공지능 모델의 소개와 원리

인공지능 모델을 회계 분야에 적용하거나 새로운 응용 분야를 모색하는 논의를 시작하기 전에 인공지능의 작동 원리를 소개한다. 인공신경망 모델을 중심으로 단순화한 소개이지만, 인공지능 모델의 활용 방안 탐색과 이후에 진행할 이 책의 논의에 도움이 될 것이다.

AI와 1인 창업?

인공지능의 입력값

회계 분야에서 인공지능의 활용에 대해 논의하기 전에 인공지능에 대해 간단히 소개하고자 한다. 인공지능 분야도 계속 발전하고 있으며, 구체적인 작동 원리에 대해서는 아직 밝혀지지 않은 부분이 많다. 하지만 인공지능이 어떠한 방식으로 만들어지고 적용되는지를 대략적으로 알게 되면, 향후 응용 범위를 확장하고 아이디어를 얻는 측면에서도 도움이 될 것으로 생각한다. 현재 활용되고 있는 인공지능 모델을 단순화해 소개하고자 한다. 이 장의 내용이 너무 쉽거나 반대로 복잡하다면, 이 장을 생략하고 다음 장부터 읽는 것도 가능하다.

우리는 이 장에서 인공지능을 인간이 원하는 기능을 처리하기 위해 인공지능에 입력값을 제공하면 출력값을 반환하는 컴퓨터 프로그램으로 정의하겠다. 컴퓨터는 전자적인 신호, 궁극적으로는 0과 1로 분해할 수 있는 신호로 처리할 수 있는 정보를 입력해야 하므로 입력 정보는 숫자 형태다. 컴퓨터의 세계에서는 문자도 숫자로 변경해 처리한다. 예를 들면, 'A'가 65, 'B'가 66 등으로 연결(mapping)될 수 있다.

인공지능이 활용하는 입력 정보는 하나일 수도 있고, 여러 가지일 수도 있다. 구매하려고 하는 로또 번호를 입력하면 당첨 확률을 계산해 주는 인공지능이 있다면, 입력값은 순서대로 표현된 6가지 숫자일 것이다. 입력값은 궁극적으로는 숫자이지만, 사람이 이해하는 단계에서는 여러 가지로 존재할 수 있다. 한국어 문장을 입력하면, 영어로 번역을 해주는 인공지능을 예시로 들어보자. 이 경우 입력을 위해서는 한국어 문장을 숫자로 변경해야 한다. 숫자로 변경하는 방법에는 다양한 경우를 생각할 수 있고, 실제로도 다양한 방법을 활용하고 있다. 이러한 변환의 한 가지 예를 소개한다. 먼저, 문장을 세부 구성 요소(단어 또는 형태소)로 구분한다. 다시 개별 단어를 문자 단위로 분해할 수도 있고, 아니면 단어를 최종 단위로 정의할 수도 있다. 이렇게 최종 단위로 분해한 결과를 사전에 정해진 일련번호 중의 하나와 연결한다. 예를 들면, "고양이가 울다"라는 문장을 분해하면, 고양이, 가, 울다(또는 울+다), 마침표(.)로 구분할 수 있다. 분석하고자 하는 최소 단위들의 집합('사전'이라고도 부른다)에 존재하는 모든 항목에 대해 일련번호를 할당한다. 한국어의 단어의 수를 40만 개로 가정하면, 앞의 문장은 "10000, 8001, 201010, 400001" 등으로 변환될 수 있다('고양이'가 1만 번째 단어, '가'는 8001번째 단어, '울다'는 20만 1천 10번째 단어 등에 위치한다고 가정했다. 마침표는 40만 1번째에 위치한다는 것으로 가정했다. 경우에 따라서는 빈칸에 해당하는 내용를 '가'와 '울다' 사이에 추가할 수도 있다.)

이렇게 숫자로 변환된 값을 인공지능에 입력하면, 인공지능은 다시 숫자로 이루어진 값을 반환한다. 영어도 동일하게 모든 단어가 각각의 숫자에 할당되어 있다, 이러한 숫자를 다시 영어 단어로 매핑해 순서대로 변환하면, "A cat cries."라는 문장을 얻을 수 있게 된다.

장황하게 설명한 내용을 요약하자면, 인공지능에 입력하는 내용도 결국에는 숫자의 집합이라는 것이다. 인공지능에는 다양한 형태의 정보를 숫자로 변환해 입력하게 된다. 그림(사진)도 촘촘히 가로와 세로로 구분해 점으로 나누고, 해당 점의 색상을 사전에 정의된 숫자로 변환해 숫자의 집합으로 사진을 변환한다. 이후 이러한 값을 인공지능에 입력한다. 또 다른 예를 들자면, 환율을 예측하기 위해 한 달 간의 일자별 마감 환율을 인공지능에 입력하는 경우를 가정해보자. 추가적인 변환 없이 순서대로 날짜별 마감 환율을 인공지능에 입력하면 된다(또는 좀 더 세분화해 매 시간별 환율 정보를 사용할 수도 있다).

최종 사용자 입장에서는 사진이나 문장을 입력하는

것으로 보일 수 있으나, 인공지능은 다양한 형태의 정보를 숫자로 변환해 인공지능 모델의 입력값으로 활용한다.

인공지능의 출력값과 인공지능의 종류

인공지능의 작동 원리를 살펴보기에 앞서, 인공지능 모델의 종류를 살펴보겠다. 인공지능 모델은 시기, 해결하려는 작업, 훈련시키는 방법 등에 따라 다양하게 분류할 수 있다.

이 책에서는 인공지능 모델을 단답형 인공지능 언어 모델과 서술형 인공지능 언어 모델로 구분하고자 한다. 단답형은 말 그대로 하나의 숫자를 답변으로 알려주는 모델이다. 이렇게 결과로 받은 숫자 자체를 결괏값으로 이용(예: 주가 예측)하거나 분류 결과로 활용할 수 있다. 분류로 활용하는 경우에는 사전에 정의된 약속에 따라 결괏값을 해석할 수 있다. 만약 특정 정보를 바탕으로 강아지, 고양이, 호랑이 중의 하나로 분류하는 경우에는 0은 강아지, 1은 고양이, 2는 호랑이 등으로 분류해 활용하는 방법이다. 이렇게 하나의 숫자(또는 짧은 답변)를 제시하고, 이 결과를 인간이 목적에 따라 적절히 활용한다(또는 세 개의 값을 변환해 '1,0,0'은 강아지, '0,1,0'은

고양이, '0,0,1'은 호랑이 등으로 활용할 수 있다).

서술형 인공지능은 하나 이상의 숫자의 결괏값을 알려주는 인공지능 모델이다. 생성형 인공지능이라는 용어로 최근 지칭되고 있다. 이렇게 여러 숫자의 나열을 결과로 받게 되면, 이를 다양하게 활용할 수 있다. 간단한 예로, 향후 일주일간의 일별 주식가격 예측 모델의 경우를 생각할 수 있다. 결괏값의 길이는 사전에 고정할 수도 있고 (또는 한 번에 모든 결괏값을 알려줄 수도 있고), 다른 길이의 결괏값을 제시하는 (결괏값을 순서대로 출력하면서 길게 생성하는) 모델도 있다.

일주일간의 일별 주식가격을 예측하는 모델의 경우에는 산출된 결괏값을 추가적인 변환 없이 그대로 주식가격으로 활용하는 것도 가능할 것이다. 하지만 문장을 생성하는 경우에는 숫자로 얻은 결괏값에 대응되는 단어(문자)로 변환해 사람이 의미를 이해할 수 있는 문장 또는 문단을 얻을 수 있다. 그림의 경우에는 개별 픽셀에 해당하는 컬러값을 숫자로부터 얻어 픽셀의 색을 조합해 사진을 얻게 된다.

인공지능의 구조와 인공신경망

앞서 입력과 출력에 대해 살펴보았다. 이제 인공지능망

내부가 어떻게 설계되어 있는지 살펴보자. 인공신경망 이외에 다른 구조로 설계된 인공지능도 존재하며, 활용되고 있지만, 이 장에서는 인공신경망에 국한해 인공지능 모델을 살펴보도록 하겠다.

먼저 제일 처음 정해진 개수의 숫자 형태의 입력값을 받는다. 입력값은 소수점을 포함한 실수일 수도 있고, 0 또는 1의 조합으로 된 값일 수도 있다. 이렇게 정해진 숫자의 입력값을 모델이 받으면, 해당 값을 다양한 방법으로 조합해 다음 단계에 다시 여러 개의 숫자를 생성한다. 처음 입력받은 숫자와 같은 수의 새로운 숫자를 생성할 수도, 많은 개수의 숫자를 생성할 수도, 또는 적은 수의 숫자를 생성할 수도 있다. 중요한 것은 앞 단계에서 받은 숫자들을 적절하게 조합(가중치를 활용한 선형 결합 또는 다른 규칙을 적용)해 새로운 숫자들을 만든다는 것이다.

새로이 생성된 숫자는 특정 함수(활성화 함수)를 통해 새로운 값으로 변환한다. 보통 작은 값은 작은 값으로, 큰 값은 큰 값으로 변환하지만 꼭 비례적으로(선형적으로) 변환하지는 않는다. 이렇게 변환한 값은 다시 다음 단계를 위한 재료로 사용된다.

방금 전에 얻은 새로운 값들을 조합해 다시 새로운 숫

자들을 생성한다. 동일하게 새로이 생성되는 값의 개수는 모델 설계자가 정할 수 있다. 이러한 단계를 계속 반복해, 마지막 단계에서 정해진 숫자의 개수만큼의 값을 산출하도록 설계한다. 중간 단계인 숫자를 조합하고 변환하는 절차를 여러 차례 반복할 수 있다. 이렇게 여러 단계를 거치는 인공지능 모델을 각각의 단계가 서로 그물처럼 얽혀 있는 그림으로 자주 인공 신경망을 표현한다.

이러한 일련의 과정에서 당연히 각 단계에서 적용되는 개별 가중치의 값에 따라서 중간 단계로 전달되는 값이 달라지고, 최종 결괏값도 달라진다. 따라서 가중치의 값을 변경해 우리가 원하는 정답을 인공지능 모델이 산출하도록 만드는 것이 필요하다.

이 과정에서 빅데이터가 힘을 발휘하게 된다. 데이터가 많이 축적되어 있으면, 다양한 사례를 활용해 가중치를 변경해 우리가 희망하는 결과가 나타나도록 무수히 반복한다. 통상 처음 인공지능 모델을 설계할 때에는 각 단계들을 연결하는 가중치는 임의의 값을 배정한다. 이후 우리가 원하는 값이 나오도록 계속적으로 축적된 데이터의 입력값과 출력값을 사용해 가중치 값을 조정할 수 있다.

빅데이터, 즉 무수히 많은 사례로 원하는 값이 나오도록 조정하면 신비하게도 어느 단계 이후에는 더 이상 조정을 하지 않아도, 즉 기존에 사용하지 않았던 새로운 입력값을 인공지능 모델에 적용해도 우리가 원하는 결괏값을 산출하게 된다. 이렇게 우리가 원하는 결괏값이 나오도록 각 중간 단계들에서 사용되는 가중치를 변경하는 것을 인공지능을 훈련시킨다고 표현한다. 입력 받는 숫자가 열 개 미만이고, 중간에 산출되는 결괏값도 열 개 미만인 작은 규모의 인공신경망 모델인 경우에는 가중치의 개수도 적을 수 있다. 하지만 실제 활용되는 인공지능에서는 최초에 입력되는 입력값의 개수도 많고, 중간 노드의 수(중간 결괏값의 개수)와 거치는 단계도 복잡하게 설계한다. 최신 인공신경망 모델은 천억 개 이상의 가중치를 사용하는 것으로 알려져 있다. 훈련 과정을 통해 이 무수한 가중치를 조절해 인공지능 모델을 만들게 된다.

이것이 인공신경망 인공지능 모델의 기본 구조다. 서로 연결된 단계와 가중치를 조절, 최종적으로 희망하는 수치를 산출하는 것을 기본으로 해, 이것이 확장된 다양한 인공신경망 모델들이 존재한다. 정보 기술의 발달로 천억 개 이상의 가중치가 포함된 모델의 구현이 가능하게 되어 인공지능의 시대도 가속화되고 있다. 아울러 인공신경망 인공지능 외에도 의사결정나무, 서포트 벡터 머신 등 다른 구조의 인공지능 모델도 활용되고 있다. 또한 인공지능은 아니지만 데이터베이스, ERP, RPA(Robotic Process Automation), Process Mining 등 회계사가 활용할 수 있는 다양한 정보 기술이 존재한다. 이 부분은 필요할 경우 해당 장에서 소개하겠다.

이제 인공지능의 기본 지식을 익혔으므로, 본격적으로 회계 분야에서 인공지능이 어떻게 활용되는지 살펴보도록 하겠다.

02
회계기록의 산출과 인공지능

기업은 정보혁명 이전에도 회계의 주요 개념을 바탕으로 거래를 압축적으로 기록하고 의사소통에 활용했다. 이제 발전된 정보 기술 및 인공지능을 활용해 회계기록을 편리하게 산출할 수 있게 되었다. 회계기록 생성자(기업) 입장에서 회계 업무에 활용하는 ERP 시스템과 OCR, RPA 등의 적용 사례를 소개한다.

AI와 MBTI?

회계는 차변과 대변

회계를 소개할 때 처음 나타나는 개념이 차변과 대변일 것이다. 기업은 거래를 자산, 부채, 자본, 수익, 비용의 다섯 가지 항목의 관점에서 측정해 차변과 대변의 쌍으로 압축적으로 기록한다. 일단 차변과 대변으로 거래가 기록이 되면, 회계의 개념을 알고 있는 다른 정보 이용자와 기업의 상태와 경영 실적에 대해 매우 효율적으로 의사소통을 진행할 수 있다.

핵심은 이러한 회계정보를 기록하고 관리하는 방식과 방법이다. 종이에 펜으로 기록할 수도 있고, 주판 또는 계산기로 할 수도 있다. 차변과 대변의 개념은 바뀌지 않았지만 이를 구현하는 방법은 정보 기술을 활용하면서 지속적으로 자동화되고 있다.

ERP 시스템

회계기록은 기업이 거래를 진행할 때마다 발생한다. 기업의 규모에 따라 하루에 몇 건의 거래밖에 진행하지 않는 기업도 존재할 수 있고, 매일 수만 건 이상의 거래가 발생하는 기업도 있다. 이 경우 컴퓨터 프로그램을 활용해 이를 자동화하고 있다.

최근에는 많은 기업들이 전사적 자원 관리(ERP,

Enterprise Resource Planning)로 불리는 컴퓨터 프로그램을 사용해 회계기록을 비롯한 기업의 업무를 진행하고 있다. 전통적으로 ERP 프로그램은 기업의 기능에 따라 세부 항목(모듈)으로 구성되어 있다. 예를 들면, 영업팀 또는 캐시어 역할을 담당하는 직원이 사용하는 영업 기능이 포함된 모듈, 물류센터에서 재고관리를 수행하는 직원이 사용하는 물류 모듈, 생산 현장에서 원자재를 투입하고 가공을 통해 완제품을 생산하는 담당자들이 사용하는 생산 모듈이 있다. 유사하게 기업의 인적자원의 획득, 배치 및 관리 등을 수행하는 인사팀 직원이 수행하는 모듈 등 오늘날에는 기업에서 수행하는 다양한 업무를 ERP 시스템을 통해 관리하고 있다.

ERP 사용의 장점은 생산성 증대, 경영 효율성 향상, 기업 전체의 정보 통합 및 유기적 연동, 경영 실적 분석 등이 존재한다. 하지만 회계 측면에서도 비약적인 전환이 이루어졌다. 기업에서 발생하는 다양한 거래가 통합되고, 회계처리(분개)까지 인간의 개입 없이 자동으로 ERP 시스템에서 수행할 수 있게 되었다.

예를 들면, 영업팀에서 특정 고객의 주문을 받으면, ERP 시스템에 고객 정보, 요구 품목, 수량 등을 등록한다. 해당 정보는 자동으로 ERP 시스템을 통해 물류 담당자에게 통보된다. 물류 담당자는 ERP 시스템에서 품목과 고객 주소 등을 확인하고, 이를 출고 처리한 후, 시스템에 출고 결과를 등록한다. 영업 담당자는 출고가 정상적으로 진행된 것을 확인하고, 고객에게 대금 입금을 요청해 계좌 이체 방식으로 대금 회수를 진행한다. 위의 시나리오에서 회사의 회계 담당자가 수행한 업무는 없다. 하지만 관련 거래에 따른 회계기록(분개)이 자동으로 진행된다. ERP 시스템을 설계할 때부터 회계 분개가 필요한 절차는 모두 자동으로 분개가 진행되도록 설계했기 때문이다.

앞선 시나리오를 예로 들어 설명하면, 물류 담당자가 출고 관련 정보를 등록할 때, 자동으로 매출채권 및 매출 분개가 진행된다. 또한 회사의 재고자산 단가 결정 방식에 따라 일부 차이가 있겠지만, 매출 원가 및 재고자산 분개도 함께 진행된다. 고객으로부터 대금을 입금 받은 경우에도 예금 및 매출 채권 분개가 자동으로 시스템에 등록된다. 기업 대부분의 거래와 관련된 회계기록이 자동으로 처리되므로, 회계 관련 업무 효율성이 대폭 향상된다.

뿐만 아니라, 관련 회계 전표의 원천을 매우 손쉽게 확인할 수 있어, 기업의 경영과 기록이 투명해진다. 특정 전표의 원인이 되는 기초 거래와 세부 관련 정보 등이 모두 시스템에서 관리되고, 손쉽게 조회할 수 있다. 해당 거래의 전후 연관 관계, 처리 담당자, 주문 고객 등을 실시간으로 확인할 수 있다. 따라서 회계기록 측면에서도 부정 및 오류의 가능성이 획기적으로 감소하게 된다.

문서 인식 기술과 입력 자동화

ERP 시스템은 기업의 회계기록 관리 수준을 근본적으로 변화시켰다. 하지만 여전히 ERP 시스템에 관련 정보를 사람이 입력하는 것이 필요하다. 예를 들면, 영업 직원이 거래처 직원과 식사한 후, 날짜, 시간, 거래 상대방 등을 ERP 시스템에 입력해야 하는 절차는 여전히 사람이 수행하는 것이 필요했다.

이 절차를 OCR(Optical Character Recognition, 광학 문자 인식)로 개선할 수 있다. OCR은 사진에 존재하는 문자를 컴퓨터가 인식, 사용자에게 문자 형태(서론에서 언급한, 숫자로 할당되는 문자)로 알려주는 기술이다.

컴퓨터는 "Alice"이라는 글자가 적힌 종이를 촬영한 사진과 "Alice"라는 알파벳 다섯 개의 글자를 근본적으로 다르게 인식하고 처리 및 저장한다. 사진은 각 점들의 색깔이 포함된 전체 점들의 정보를 저장한다. 조명에 따라 종이에 그림자가 있으면 그림자 정보도 함께 저장된다. 반면 Alice라는 글자는 다섯 알파벳에 대응하는 다섯 개의 숫자만을 관리한다. 정보 활용 측면에서는 알파벳 형식으로 저장 관리하는 방식이 향후 검색이 용이하고 활용도가 높아진다.

OCR 기술이 존재하기 전에는 ERP 시스템에서 요구하는 정보를 사람이 직접 다시 관련 서류를 읽고 키보드로 입력해야 했다. 이제는 신용카드 영수증, 거래처 명함 등을 시스템에 업로드 하면, 자동으로 필요 정보를 추출해 ERP 시스템에 자동으로 입력하는 것이 가능해졌다.

OCR 기술도 지속적으로 발전했으며, 사진 인식을 인공지능 모델로 처리하는 기술과 접목되면서 점점 오류가 줄어들고 있다. 현재 OCR 기술은 인쇄된 문자뿐 아니라 사람의 필기체 문자에 대한 인식도 정확도가 높아졌다. 1장에서 설명한 인공신경망 모델을 활용하면, 각 점(픽셀)에 해당하는 색 정보(흑백일 경우 명도)를 인공지능 신경망에 입력 정보로 투입하면, 기존에 훈련 과정을 거쳐 설정된 가중치가 적용되어 최종적으로 어떤 글자 또는 숫자인가를 결정해 알려주는 방식이다.

기업 활동의 상당 부분이 서류와 문서 파일(이메일, PDF, Word)의 정보교환이라는 점에서 OCR 기술은 기업 정보 시스템의 획기적인 변화를 이끌고 있다(한국공인회계사회, 2023).

정형 데이터와 비정형 데이터

컴퓨터에서 관리하는 데이터는 '정형(structured) 데이터'와 '비정형(unstructured) 데이터'로 구분하기도 한다. 앞서 든 예에서, 검색과 활용이 쉬운 형식인 알파벳 정보(Alice)는 정형 데이터의 한 예다. 반면, 그 이름이 인쇄된 종이를 촬영한 사진은 비정형 데이터다(사진 필름은 아날로그 정보고, 컴퓨터에 저장한 사진 파일은 디지털 정보지만, 많은 경우 디지털 사진도 비정형 데이터로 분류한다). 정형 데이터로 관리될 경우, 컴퓨터나 인공지능에서의 활용 가능성이 확대된다. 따라서 많은 경우 비정형 데이터를 정형 데이터로 변환한다. Alice가 인쇄된 종이를 촬영한 사진에서 A, l, i, c, e의 알파벳 다섯 글자를 추출해 저장하는 것이 그 예다. 최근에는 비정형 데이터를 저비용으로 정형 데이터로 변환하는 기술과 방법이 지속적으로 제안되고 있다. OCR 기술은 비정형 데이터를 정형 데이터로 변환하는 기술의 일종이다.

RPA

ERP 시스템은 회계정보를 포함한 기업의 정보 통합 관리에서 분명 중요한 역할을 담당하고 있다. 그러나 ERP도 임직원의 컴퓨터에서 작동하는 하나의 프로그램이라는 점에서 모든 기능을 포괄하지는 못한다. 예를 들면, ERP 외에도 우리는 매일 마이크로소프트 오피스의 워드와 엑셀을 통한 문서 작성 및 관리, 아웃룩 프로그램을 통한 이메일 송수신, 웹브라우저를 통한 정보 검색을 진행한다. ERP 외에도 다양한 프로그램이 업무에 사용된다.

또한 ERP 시스템도 메뉴 선택 등 마우스 조작이 필수적이다. OCR 기술로 ERP에 정보를 입력하는 것은 자동화되었지만 ERP 시스템을 작동시키거나 PDF 파일을 업로드하려면 사람의 컴퓨터 조작이 필요하다.

이러한 필요에 따라 출현한 것이 RPA(Robotic Process Automation)다. RPA는 이름에 '로봇'이 들어 있지만 물리적인 로봇이 키보드나 마우스를 작동하는 것은 아니다. 로봇이 컴퓨터 앞에서 마우스와 키보드를 조작하는 것과 동일한 작업 지시를 할 수 있다. 예를 들면 시간 순서를 두고 일정한 키를 누르도록 지시할 수 있다. 윈도우 메뉴 키, 각 프로그램의 단축 키, tab 키 등을 적절히 조합해 컴퓨터를 작동시키면, 마우스를 사용하지 않고도 상당 업무를 자동화할 수 있다. 엑셀의 특정 셀의 자료를 복사(Ctrl+C)해 ERP 시스템에 입력한다거나, ERP 내의 자료를 엑셀 형식의 파일로 다운로드 받고, 아웃룩 등의 이메일을 사용해 엑셀 파일을 첨부한 이메일로 발송하는 등 사전에 정해진 연속적 업무 과정을 자동화할 수 있다.

마우스 동작을 함께 추가하는 것도 가능하다. 특정 위치(가로 및 세로 위치)를 클릭하도록 정하거나, 특정 그림 및 문자를 클릭하도록 (OCR 기술을 활용하는 것과 유사하게) 사전에 정할 수 있다.

이렇게 키보드와 마우스의 작동을 미리 설정하면, 해당 프로그램이 24시간 작동하면서 근로자를 대신해 필요한 업무를 여러 프로그램을 넘나들면서 진행하게 된다. 이러한 작업을 통해 회계처리를 위한 관련 정보를 ERP 시스템에 입력할 수 있다. 일단 입력된 정보는 ERP 시스템 자체 기능을 활용해, 회계정보로 시스템에 생성 및 관리된다. RPA를 인공지능이라고 분류하기에는 다소 경직된 면이 있지만 컴퓨터가 인간의 업무를 자동화하는 정보 기술 측면에서 각광받고 있다.

최근에는 대규모 언어 모델을 활용해 RPA와 유사하

게 컴퓨터를 작동하는 인공지능 에이전트가 소개되고 있다. 이 경우 상당 부분 업그레이드된 RPA로 컴퓨터를 작동할 수 있다. 이 부분은 관련 장에서 다시 논의하겠다.

여기 소개한 ERP, OCR, RPA 등은 회계정보의 생성과 관리를 위해 현재 기업에서 효율적으로 활용하고 있는 인공지능과 정보 기술이다.

참고문헌

한국공인회계사회 KICPA(2023). 34살에 회계사 + IT회사 대표 이사??, 조현수 회계사.
http://youtube.com/watch?v=fb7ab-p-pcs

03
정보 수집의 자동화

회계사는 회사의 재무제표를 점검하는 회계감사를 진행한다. 이 과정에서 기업 내부 및 외부의 다양한 정보를 수집해 활용한다. 인공지능 및 정보 기술을 활용하면 감사 증거를 효율적으로 확대할 수 있고, 감사 품질의 향상을 기대할 수 있다. RPA 및 API 등의 기술을 회계감사에 활용해 자동으로 정보를 수집하는 사례를 소개한다.

AI와 난임 극복?

회계정보에 신뢰성을 부여하는 전문가

회계사는 회사가 작성한 회계 보고서(재무제표)를 독립적인 위치에서 확인하고, 합리적인 수준에서 사실과 부합하게 작성되었다는 의견을 (또는 다른 의견을) 회계감사 보고서로 발표한다. 회사의 재무제표에 대한 회계사의 의견을 믿고, 다양한 경제적 의사결정의 근거 자료로 회사의 재무제표를 활용한다.

회계감사의 한계

재무제표는 회사(회사의 경영진)가 작성하는 것이므로 회계사가 그 내용이 정확하게 작성된 것인지를 확인하기 위해서는 관련 자료를 모두 살펴보는 것이 이상적일 것이다. 하지만 시간과 비용의 제약이 존재하고, 회사의 모든 거래를 점검하는 과정에서 투입되는 비용과 그에 비해 얻는 효익이 크지 않다고 판단해, 대부분의 경우에는 일정 범위의 자료만을 (주로 샘플링 방식을 통해) 확인하고, 감사 의견을 발표하는 방식으로 회계감사가 진행되고 있다. 그러므로 회계사가 살펴보지 않은 부분에서 중대한 오류 등이 존재할 수 있다. 회사가 발표한 회계정보가 사실과 다르게 작성되었지만, 회계사는 회사의 재무제표가 적정하게 작성되었다고 감사 보고서를 통해 발표할 가능성이 항상 존재한다.

샘플링 방법을 활용한 회계감사 방식은 정보 기술이 오늘날처럼 발전하기 이전에 도입된 방식이다. 수작업으로 작성된 문서와 증빙을 회계사가 육안으로 확인하는 방식이므로, 고비용인데다가 제한된 시간에 회계사가 처리할 수 있는 양(점검하는 양)에서 한계가 존재할 수밖에 없다.

이제 정보 기술의 발달로 회계사가 회사의 정보를 확인할 수 있는 수단이 다양해졌다. 정보 기술 활용의 비용도 획기적으로 저렴해졌다. 회계사가 점검할 범위를 확대해도 그에 따라 증가하는 비용은 대폭 낮아졌다. 물론 회계사가 보다 많은 회사의 정보를 확인하면 감사 품질이 높아지므로 얻을 수 있는 효익은 증가한다. 즉, 회계사가 확인한 정보의 범위가 증가할수록 회계감사 실패의 가능성도 줄어들게 되므로 효익이 증가한다고 볼 수 있다.

말하자면 정보 기술의 발전으로 회계사가 회계감사 시 확인하는 범위 확대에 따른 한계비용은 낮아졌다. 반면, 감사 범위 확대에 따른 한계효용은 기존과 동일하므로, 논리적으로는 한계비용과 한계효용이 일치하는 감사 범위를 새롭게 정하는 논의를 시작할 수 있다. 회계사의 감사 범위 확대에 관한 논의도 인공지능과 정보 기술의 발달로 새롭게 시작할 수 있다.

내부 증거와 외부 증거

회계사는 회계감사를 수행하는 과정에서 회사가 제시하는 재무제표 및 관련 회계정보의 적정성을 확인하는 것이 필요하다. 이를 위해 회사의 주장(회사가 작성한 재무제표 내용)이 회계기준에 따라 작성되었다는 것을 뒷받침하는 증거(감사 증거)를 수집한다. 이를 체계적으로 정리해 감사 조서 형태로 문서화하고, 이를 바탕으로 최종 감사 의견을 형성한다. 이 과정에서 회계사는 회사의 협조를 통해 또는 독자적으로 관련 거래를 뒷받침하는 다양한 증거(문서)를 입수한다.

회계사가 수집한 증거 자료(문서) 중 회사가 작성하거나 생성한 것은 내부 증거로 분류한다. 회사 이외의 자가 생성한 문서 등은 외부 증거로 분류한다. 자료의 속성상 외부 증거는 내부 증거보다 더 객관적이고 신뢰성이 높은 자료로 평가한다. 예를 들어, 회사가 1백만 원을 예치한 예금을 보유하고 있다고 가정하자. 12월말 잔액이 1백만 원이라고 기재한 회사의 내부 자금 기록보다 은행이 발행한 1백만 원의 예금 잔액 증명서가 신뢰성이 더

높다고 볼 수 있다. 따라서 회계사는 회계감사 과정에서 외부 증거를 입수하기 위해 노력한다.

다만, 이 경우에도 비용 효익의 측면에서 외부 증거의 입수를 무한히 확대하기는 곤란하므로 일정 수준으로 제한하게 된다. 외부 증거의 입수에 비용이 발생하기 때문이다. 하지만 정보 기술과 인공지능의 발전으로 기존에는 활용하지 못했거나 제한적으로 사용한 외부 증거를 폭넓게 활용할 수 있게 되었다.

RPA와 외부 증거 입수의 자동화

매출채권은 회사가 거래처로부터 미래에 현금 등으로 수취할 채권이다. 회사가 보유한 매출채권의 미래 회수 가능성을 평가해 적정한 금액으로 표시하는 것은 회사의 미래 현금 흐름 예측을 위해 중요한 요소다. 이러한 매출채권을 평가하기 위해 회계사는 거래의 발생 사실, 거래 상대방의 신용도, 거래 상대방의 거래 사실 확인 요청(채권채무 조회서) 등을 진행한다. 이를 위해 회계사는 국세청 홈페이지를 활용해 거래처의 휴폐업 상태를 조회(사업자등록 상태 조회)하는 절차를 수행해 왔다. 그러나 거래처의 수가 많을 경우 샘플 선정을 통해 몇 개의 거래처만을 국세청 웹페이지에서 조회하는 것이 일반적이었다.

각 단계를 구체적으로 살펴보자. 먼저, 국세청 웹페이지에 접속, 사업자등록번호를 입력하는 칸을 마우스로 클릭한다. 조회할 회사 거래처의 사업자등록번호를 키보드로 입력하고 (또는 복사해 붙여넣기를 하고), 조회 버튼을 마우스로 클릭한다. 웹페이지에서 사업자등록 상태가 표시되기를 기다린 후, 웹페이지에 "일반 과세자입니다" 등의 정보를 육안으로 확인한다. 단순하고 반복적인 과정이다.

RPA를 활용하면 이를 효율적으로 해결할 수 있다. 국세청의 휴폐업 조회는 업무 프로세스가 확정되어 있으므로 사전에 정해진 순서에 따라 컴퓨터가 작동되도록 정의할 수 있다. 조회할 사업자등록번호만 잘 정리해 RPA 프로그램이 사용할 수 있도록 준비하면 (RPA가 활용할 수 있는 상태로 작성해 저장하면), 컴퓨터가 스스로 조회한다. RPA 프로그램은 조회 결과를 하나의 문서(엑셀 파일 등)에 정리해 저장하고, 회계사는 사업자별 휴폐업 상태가 정리된 최종 자료를 얻을 수 있다. 감사인은 휴폐업 조회 결과를 이후 단계에 활용하면 되므로, 감사 시간을 효율적으로 사용할 수 있다. 물론 확인해야 할 사업자등록번호의 수도 대폭 확대할 수 있다.

RPA의 리스크 요인 및 개선 방향

이토록 장점이 많은 RPA에도 한계는 있다. 인터넷 웹브라우저를 이용하기 때문에, 조회 버튼을 누른 뒤 결과가 나오기까지 짧지만 일정 시간이 소요된다. 예를 들어, RPA 기능을 활용해 관련 정보를 입력하고 조회 버튼을 누르고, 결과가 화면에 표시되는 절차를 진행하기 위해 총 1초 정도의 시간이 걸린다고 가정하자. 즉, 하나의 사업자등록번호 조회에 필요한 시간을 1초로 상정한다면, 거래처 수가 많을 경우, 전체적으로 상당한 시간이 필요하게 된다. 1만 개의 거래처가 존재한다고 가정하면, 약 3시간가량 소요된다. (이 경우 동일한 작업을 수행하는 RPA를 여러 컴퓨터에서 동시에 실행하면 시간을 단축할 수 있다.)

하지만 시간보다 더 중요한 RPA의 약점은 예상 밖의 오류에 대처하지 못한다는 것이다. 인터넷 환경은 상당히 안정적이지만, 간혹 원인 불명의 이유로 접속이 지연되는 경우도 발생한다. 이 경우 사람이라면 단순히 재접속 버튼을 클릭하는 등 예외 상황에 대처하지만 RPA는 사전에 고려하지 않은 예외 상황이 발생할 경우, 대처에 어려움이 있다.

앞서의 사업자 휴폐업 상태를 조회하는 절차를 다시

살펴보자. 사업자등록번호를 정해진 위치에 입력하고, 조회 버튼이 위치할 것으로 예상되는 좌표에 마우스 포인트를 위치시킨 후, 조회를 위해 마우스 클릭 버튼을 누르는 절차를 수행한다. 이 과정에서 만약 인터넷 웹페이지의 로딩이 완료되지 않은 상태에서 이러한 작업을 기계적으로 수행하게 되면, 그 이후 단계부터는 모든 절차의 진행이 중단된다. 각 단계 중 어느 하나라도 예상에서 어긋나는 경우, 이후 단계가 올바르게 진행되지 않으며, 컴퓨터는 무의미한 동작을 사용자가 강제로 중단시킬 때까지 계속하게 된다. 즉, RPA는 예외 상황에 대처하는 능력이 부족하다는 치명적인 단점이 존재한다. 국세청에서 웹페이지의 디자인을 조금만 변경해도, RPA의 세팅을 다시 변경해야 한다. RPA가 의도한 대로 작동하는지에 대해 항상 모니터링하고 고려해야 하는 한계가 있다.

API와 휴폐업 조회

여기까지 읽은 독자라면 이런 의문이 들 수 있다. '회사가 ERP 시스템 등으로 관리하고 있는 거래 상대방의 사업자등록번호도 정형 데이터고, 국세청 데이터베이스의 사업자등록번호도 정형 데이터 형태로 관리하고 있을 것인데, 이 두 가지 정형 데이터가 공개되어 있다면 손쉽게 결합해 휴폐업 여부를 한번에 확인하는 것이 가능하지 않을까?'

이 작업이 가능하기 위해서는 먼저 해당 자료의 입수가 가능해야 할 것이다. 국세청이 사업자등록번호와 휴폐업 상태를 대량으로 조회 가능한 상태로 공개한다면 이 접근법도 가능할 것이다. 현재 국세청은 사업자등록번호 관련 데이터베이스 전체를 공개하는 대신 부분적인 접근 권한을 부여하고 있다. 아울러 인터넷 웹브라우저를 통하지 않고 직접 국세청 시스템과 통신할 수 있는 기능을 2021년부터 제공하고 있다(행정안전부, 2021; 행정안전부 · 국세청, 2021).

관련 내용을 살펴보면, 최대 100개의 사업자 번호에 대한 휴폐업 상태를 국세청 서버와 직접 통신으로 확인할 수 있는 기능을 제공하고 있다. 인터넷 페이지를 통해 조회할 경우, 사업자등록번호를 입력하기 위한 입력창 표시 이외에도 국세청 웹페이지 상의 추가 정보와 그림, 아이콘 등을 함께 수신해야 하는 비효율이 존재한다. 그리고 앞서 언급했듯이, RPA의 원활한 작동을 위해 한 개의 사업장에 대한 조회 요청 후 대기하는 시간도 필요하다. 또한 오류가 발생해도 RPA 시스템은 사전에 입력된 마우스 클릭 및 다음 사업자등록번호 입력을 기계적으로 계속 진행하므로 이용자가 주기적으로 관련 내용이 정상적으로 진행되고 있는지 직접 확인하지 않으면 오류를 조기에 발견하기 어렵다.

그러나 국세청 서버와 직접 통신을 하게 되면, 조회를 희망하는 사업자 번호와 몇 가지 정보를 국세청 서버에 요청하면 된다. 국세청 서버도 조회자 입장에서 불필요한 정보는 생략하고, 사전에 정의된 정보만을 회신값에 포함하므로 통신 측면에서도 효율적이다.

현재는 최대 100개의 사업자 번호를 한 번에 조회할 수 있다. 서버에 설정된 최대 요청 개수(트래픽)에 따라 다르지만, 통상 1초에 수십 번의 요청을 허용하기도 한다. (하루 총 허용 횟수를 제한하는 경우도 있고, 개별적으로 기관에 사전 신고할 경우 제한을 완화하는 경우도 있다. 공공기관에서 제공하는 이런 기능은 데이터 활용의 활성화를 유도하기 위한 것으로, 트래픽 상한 설정은 악의적인 공격을 방지하기 위해 설정하는 경우가 많다.)

조회 요청에 오류가 존재할 경우에는, 서버에서 오류가 발생했음을 명시적으로 회신해 준다. 이 경우, 사전에 합의된 오류 코드를 발송하므로, 오류의 종류에 따라서 단순한 오류일 경우에는 동일한 내용을 재요청하거나, 회신한 오류 코드에 따라 적절하게 대처할 수 있다. 예상 밖의 오류일 경우에는 최소한 오류가 발생한 사실을 곧장 알 수 있으므로, 사용자(회계사)에게 이를 통보해 조치를 취하게 할 수 있다. RPA도 언제나 실행할 수 있으나, 보통 퇴근 시 작동하도록 실행한 후 다음 날 아침 관련 결과를 확인하는 경우도 흔하다. 이 경우, 오류가 발생한 웹페이지를 무작정 클릭하고 있는 RPA의 모습을 다음 날 아침에 발견할 가능성이 항상 존재한다.

다만 RPA 대신 상대방 서버와 직접 통신하는 API 방식(API, Application Programming Interface)을 실행하기 위해서는 어느 정도 경험이 필요하다. 하지만 API를 지원하는 소프트웨어(Postman 등)도 존재하므로 사용법을 익혀 활용하는 것도 가능하다.

정보 기술을 활용해 감사 증거, 특히 외부 증거를 보다 용이하게 입수하는 것이 가능해졌다. 이를 활용해 감사 품질을 높이고, 감사 실패를 예방할 수 있다. 회계감사 이외에도 다양한 인증 업무 수행시에 회계사가 검증하고자 하는 주장과 관련된 보다 폭넓은 정보를 수월하게 수집해 활용할 수 있게 되었다.

참고문헌

행정안전부(2021.5.27). 국세청 사업자등록정보 진위확인 및 상태조회 서비스, https://www.data.go.kr/tcs/dss/selectApiDataDetailView.do?publicDataPk=15081808

행정안전부 · 국세청(2021.6.30). 디지털 뉴딜, 온라인거래도 공공데이터로 안전하고 편리하게 – 사업자등록정보의 진위확인과 상태조회가 실시간 가능한 오픈API 서비스 개통.

04
문서 분석의 자동화 및 재고자산 실사 입회

기존에 회계사는 수많은 문서를 육안으로 확인하면서 회계감사를 진행했다. 이제 문서 형식의 자료도 인공지능 및 OCR 기술의 발전으로 자동으로 분석이 가능하게 되었다. 회계감사 과정에서 필수적인 문서 분석 과정에서 인공지능 및 정보 기술의 활용 사례에 대해 논의한다.

AI와 사주?

새로운 정보의 회계감사 활용

앞에서 우리는 기존에 회계사가 수작업으로 인터넷 페이지를 조회하던 방식에서 자동화된 방식으로 자료를 입수하는 사례를 일부 소개했다. 이와 더불어 새로운 기술과 도구의 사용이 가능해짐에 따라 회계감사에서도 이러한 정보 기술을 활용해 감사의 효과성과 효율을 개선하고 있다. 본 장에서는 이러한 사례 중 문서 분석과 재고자산 확인을 중심으로 소개하고자 한다.

OCR 기술과 문서 분석

현재 기업의 많은 기록은 디지털화되어 실물 종이 서류 없이 전자 기록 형태로 관리되고 있다. 그럼에도 여전히 기업은 외부와 중요 거래를 진행할 경우, 실물 종이 문서를 사용한다. 계약서, 이사회 의사록 등 그 내용이 중요할수록 종이 문서 형태로 되어 있을 가능성이 높다. 그 내용 또한 회사에 미치는 영향이 중대하므로, 회사의 회계적인 측면에서도 중요한 내용일 가능성이 크다.

따라서 회계사도 회계감사 시 이러한 종이 문서를 확인하고, 회계정보가 관련되었을 경우 회사의 회계처리가 종이 문서의 내용을 반영해 적정하게 기록되었는지 확인하게 된다. 문제는 이러한 종이 문서가 많을 경우,

일일이 모든 내용을 확인해야 한다는 것이다. 문서의 양에 비례한 회계감사 시간의 증가는 필연적이다. 우리나라의 경우, 대부분의 회사가 12월 결산 법인으로, 결산일 이후 일정 기간 이내에 감사 보고서를 발행해야 하므로 회계감사 시간을 무한정 늘릴 수 없는 구조다.

이처럼 시간적 제약이 존재하는 상황에서는 감사인은 살펴야 할 중요 문서의 수를 줄이거나, 문서를 세심히 살피는 대신 빠르게 내용을 확인하는 방식으로 변경할 수밖에 없다. 이 경우, 중요한 정보를 발견하지 못할 가능성이 높아지고, 이는 감사 실패의 가능성을 높이게 된다.

이러한 한계는 앞서 설명한 인공지능 모델의 한 종류인 OCR 기술 등을 이용해 보완할 수 있다. 고속 스캐너 등을 이용해 회계감사인이 수령한 서류를 전자 형식으로 변경한 후, OCR 기술을 활용해 그 내용을 컴퓨터가 분석할 수 있는 문자로 변환한다. 이렇게 변환된 문서를 자동화된 방법으로 분석을 진행하게 되면, 중요 내용의 누락 없이 대규모의 문서를 빠른 시간 내에 점검할 수 있게 된다.

자연어 처리 기술의 회계감사 활용

회계감사는 통상 여러 명의 회계사로 구성된 팀이 진행

한다. 팀원은 경험, 전문성 등을 고려해 회계 계정과목(회계기록의 유형)을 중심으로 역할을 배분받고, 담당 부분에 대한 회계감사를 수행한다. 따라서 각자 본인이 맡은 업무와 관련해 회계감사를 수행하므로, 동일한 서류에서도 관심을 갖고 살펴보는 관점이 다를 수 있다.

감사 대상 회사에서 받은 중요 서류는 시간적 한계와 자료 관리의 효율성 등의 이유로 주로 고연차 회계사가 검토하고, 필요할 때 팀원과 공유하는 방식 등으로 진행한다. 하지만 문서를 전자적 형태로 변환하면 문서 관리가 손쉬워지고, 팀 내 담당자와의 공유가 원활해지는 장점이 있다.

이렇게 디지털로 변환되어 접근 가능성이 높아진 문서는 다양한 방식으로 회계감사에 활용될 수 있다. 대표적인 문서 분석의 활용을 설명한다. 먼저 키워드를 활용한 문서 분석을 진행할 수 있다. 매우 직관적이며, 키워드를 찾은 후에는 관련 문장을 회계사가 직접 살펴보며 회계감사에 반영할지 여부를 결정할 수 있다. "보증, 담보" 등의 경우에는 직접 재무제표 본문에는 기록되지 않지만, 재무제표의 구성 요소인 "주석"에는 기재가 필요한 사항으로, 회계감사에서 주의 깊게 확인하는 사항이다. 이와 유사하게 포인트 "적립"이나, 자산의 매각 후 재

취득할 수 있는 "권리"를 부여하거나 "의무"를 부담하는 등의 추가 "약정" 등이 존재하는 거래의 경우에도 회계처리에 대한 점검이 필요하다. 각 계정 담당자는 이러한 내용이 충실히 회사의 회계처리 및 주석 공시에 반영되었는지 확인하는 것이 중요하다.

또는 회계감사 시 점검이 필요한 주요 단어 목록을 사전에 설정하고, 회계감사 초기에 관련 문서에 이를 일괄적으로 적용, 각 계정 담당자에게 배분하면 회계감사 품질을 높이면서도 효과적으로 감사를 진행할 수 있다.

문장과 단어를 분석하는 인공지능 영역은 자연어 처리(natural language processing), 텍스트 분석(textual analysis), 전산언어학(computational linguistics) 등으로 불린다. 인공지능의 여러 분야 중 특히 언어 처리 기술이 획기적으로 발전해, 키워드 활용 수준 이상으로 연구 및 응용되고 있다. 이에 대해서는 별도 장에서 다시 논의하겠다.

자동화된 문서 분석을 수행하는 경우에도 유의할 사항이 있다. 기존에 회계사가 실문 문서를 점검하는 과정에서 수행한 문서 양식 및 진실성에 대한 평가는 여전히 보완이 필요한 사항으로 남아 있다(Yoon, et al. 2023).

RFID와 재고자산 감사

RFID(Radio Frequency Identification) 기술은 전파를 이용해 정보를 인식하는 원리로 작동한다. 따라서 바코드와 유사하지만 바코드와 달리 RFID 인식 장치를 RFID 태그에 수평으로 위치시키지 않아도 정확하게 내용을 인식한다. 중간에 다른 물체가 있어도 인식이 가능하다. 회계사가 재고자산 등 실물자산의 실사 입회를 진행할 때에 RFID 등을 통해 효율적으로 재고자산 수량을 확인하는 방안도 제시되고 있다(신경암, 2017).

RFID 사용에 대해 회사와 회계사의 입장은 다소 차이가 존재한다. 회사는 재고자산의 취득부터 보관, 사용(출고) 등 전 주기를 직접 관리하고 수행한다. 이 과정에서 RFID 태그를 활용하면, 바코드를 사용하는 것보다 훨씬 빠른 속도로 창고에 보관 중인 재고자산을 확인 관리할 수 있다(앞 장에서 논의한 ERP와 연동해 더욱 효율적으로 관리하는 것이 가능하다).

반면, 회계사의 경우에는 감사 실패의 위험을 항상 고려하며 업무를 수행하게 된다. 따라서 RFID로 재고 수량을 확인하는 것은 엄밀히 말하면 RFID 태그의 개수를 확인하는 것이고 (대부분 상자에 들어 있어서 보이지 않는) 재고자산 자체의 개수를 회계사가 직접 확인했다는 증거로 (향후 감사 실패가 발생했을 경우) 인정받지 못할 가능성이 높다. 따라서 RFID의 편리성에도 불구하고 회계감사에서의 활용에는 다소 한계가 있다.

회계감사기준과 정보 기술

현행 회계감사기준에서는 "감사인에게 위협이 되는 경우를 제외"하고는 감사인은 재고자산 실사에 물리적으로 입회해야 한다고 정하고 있다. 필수 규정이다. 재고자산이 기업의 자산에서 차지하는 비중이 적지 않은 경우가 많으므로, 이러한 재고자산 실사에 감사인이 입회하는 것은 필요한 절차라고 할 수 있다.

하지만 지난 코로나 시기에 이동이 많이 제한되어 재고자산 실사 입회에 어려운 사례가 많았다. 해외 항공편이 중단되어 이동 자체가 불가능한 국가도 있었다. 몇몇 나라에서는 정부 차원의 이동 금지 명령으로 회계사가 고객의 물류 창고로 이동하는 것 자체가 불가능한 경우도 있었다. 이러한 상황을 고려해 미국 등에서는 전염병으로 인해 "감사인에게 위협이 되는 상황"에 해당한다는 가이드라인을 발표해 회계감사인이 직접 입회하지 않고, 원격으로 재고자산을 진행하는 것이 가능함을 안내했다. 이로써 실시간 화면 송출 등의 방법으로 회사의 재고자산을 감사인이 원격으로 확인하는 방식으로 회계감사를 진행했다. 당시 일부 회계법인은 스마트 안경 등을 활용해 재고자산 실사 입회를 효율적으로 진행한 사례를 소개하기도 했다(Banham, 2022).

2025년 1월 현재 전염병으로 인한 이동 제한은 존재하지 않는다. 감사인은 회계감사기준에 규정된 대로 회사의 물류 창고를 직접 방문해 회사의 재고자산 실사에 입회하고 있다. 이러한 입회는 필수적이며, 재고자산의 중요성을 고려, 회계사의 물리적 입회를 강제한 현행 감사 규정의 취지는 충분히 이해된다. 그러나 정보 기술이 많이 발전했고, 실사에 입회할지 아니면 재고자산과 관련된 감사 실패 리스크가 충분히 낮다고 감사인이 판단한 경우에는 정보 기술을 활용, 보완하는 등의 방법을 통해 현행 회계감사기준의 개정도 고려해 볼 수 있을 것이다(Yoon, et al. 2023).

참고문헌

신경암(2017). 기술 기반 인터넷 사회의 회계감사.
https://www2.deloitte.com/content/dam/Deloitte/kr/Documents/insights/deloitte-anjin-review/08/kr_insights_deloitte-anjin-review-08_05.pdf

Banham R(2022.10.26.). Three key areas where technology is

modernizing the audit. *Forbes*, https://www.forbes.com/sites/insights-kpmg/2022/10/26/three-key-areas-where-technology-is-modernizing-the-audit/

Yoon, Y., Duan, H. K. & Hsieh, S. F.(2023). An exploratory study on auditing standards for embracing new technologies: Remote inventory observation and data analytics, 2023 Korean Accounting Association Summer International Conference, pp.1-39.

05

빅데이터와 회계감사

인공지능과 빅데이터 시대가 도래하면서 데이터의 수집이 용이해지고, 분석 방법도 확장되면서 활용 가능성 또한 증가하고 있다. 회계감사인도 회사에 대한 이해를 바탕으로 가설을 설정하고 이를 빅데이터를 활용해 독자적으로 검증할 수 있는 기회가 증가했고, 이를 통한 감사 품질의 향상도 기대할 수 있다. 인터넷을 통한 자료 수집과 인공위성 등 이미지 자료 활용 사례를 소개한다.

AI와 아이돌?

가설 설정과 감사 증거를 통한 확인

회계감사의 접근법으로 '전문가적 의구심'이라는 개념이 있다. 회계감사 과정에서 입수한 다양한 증거들에 대해서는 비판적으로 평가하는 관점을 유지해야 할 필요가 있다는 개념이다. 이를 위해 회계사는 자신이 인지하고 있는 기존 지식과 새로 입수한 감사 증거를 비교한다. 즉, 감사 증거 상호간의 대조를 통해 모순점이 존재하지 않는지를 지속적으로 평가하게 된다.

전문가적 의구심을 구현하는 방법 중의 하나로 가설 설정과 이를 검증하는 접근법이 있다. 예를 들면, 연수원을 운영하는 회사의 경우, 연수원 수용 인원과 급식비용에는 양(+)의 비례적 관계가 존재한다는 가정을 설정할 수 있다. 이후 이와 관련된 자료를 입수해 이러한 관계를 확인하는 절차를 진행한다. 만약 1월에 1만 명이 연수원을 이용했고, 식사 제공 비용이 평균 3억 원인 경우, 1인당 3만 원의 식사비용(재료비)을 지출한 것으로 추정할 수 있다. 이후 2월에 1.3만 명이 이용했을 경우, 2월에 지출한 식사 제공 비용을 회계사가 기존 자료를 활용해 추정한 4억 원(3.9억 원)과 회사의 실제 비용 금액을 비교해 감사 증거 사이의 일관성을 확인할 수 있다.

만약 3월에 1만 명이 방문했는데, 식사비가 2.5억 원인 경우에는, 앞서 발견한 감사 증거와 일치하지 않으므로 재료비의 과소 계상 등을 가정할 수 있고, 이에 대한 추가적인 감사 및 감사 증거를 수집하는 것을 고려할 수 있다. 재료비 구매처의 가격 할인, 또는 해당 월에 1일 3식이 아닌, 1일 2식 제공으로 인한 재료비 투입 감소 등과 같이 예외 상황이 합리적으로 설명될 때가지 추가적인 감사 증거를 수집한다. 이렇게 가설을 설정하고, 동 가설을 검증하기 위해 감사 증거 분석을 실시하게 된다. 이러한 과정을 진행해 궁극적으로 감사 품질을 확보할 수 있다. 가설 설정과 검증 등에 활용할 수 있는 감사 증거의 수집 범위가 인공지능과 빅데이터 기술이 발전함에 따라 증가하고 있다.

가설 검증의 유용성

회계감사에서 가설 검증은 회사의 영업 구조를 보다 명확하게 이해하거나 회사 재무제표의 신뢰성을 확인한다는 점에서 매우 유용한 방법이다. 물론 회사의 영업에 대한 이해가 선행되어야 효과적인 가설을 설정할 수 있다는 점도 존재한다. 이와 동시에 가설 검증 과정을 통해 예상과 다른 측면을 발견하기도 하고, 이 과정에서 회사의 영업에 대한 이해를 심화할 수 있다. 회사의 영업에 대한 이해가 심화될수록 높은 수준의 감사를 진행해 감사 실패를 예방할 수 있다. 당연히 회사에 대한 이해가 높아지면, 회사가 속한 산업에 대한 이해의 수준도 심화되고, 이를 바탕으로 산업 전문 감사인으로서의 입지를 확고하게 강화할 수 있다.

여러 가지 측면에서 유용한 가설 설정과 가설 검증을 과거에는 활용 가능한 데이터의 한계로 인해 심도 있는 수준까지 진행하지 못했다. 가설 검증은 분석적 절차(substantive analytical procedure)로 불리는 절차와 유사하다. 이 책에서는 보다 일반적인 용어인 '가설 검증'으로 표기하고자 한다(일부 회계법인에서는 '시나리오 분석'으로 지칭하기도 한다).

분석적 절차

기존에 진행한 분석적 절차를 간단히 설명하면, 감사인은 주로 재무비율간의 관계에 대한 가설을 설정하고, 실제 기업이 작성한 자료를 활용해 앞서 설정한 가설을 검증한다. 분석적 절차는 재무제표 감사 절차의 일부로, 이를 통해 재무제표를 이해하고, 특이 사항을 발견하는 등의 절차를 진행한다. 즉, 회사의 회계기록이 회계감사인의 기대치와 일치하는지를 확인하고, 불일치할 경우

그에 대한 추가적인 감사 증거를 확보해 회계기록의 적정성을 확인하는 절차다.

그러나 분석적 절차는 주로 재무제표상의 계정과목의 추이 분석 또는 계정과목 간의 비교 등의 수준에서 진행된다. 계절성이 존재하는 회사 제품에 대한 월별 매출액 추이 분석, 홍보비 집행 금액과 매출액 간의 월별 관계 분석, 회사의 대출 약정서에 존재하는 이자율과 회계사가 독립적으로 산정한 평균 이자율(이자 비용 총액 대비 차입금액의 비율로 산정)과 비교 등이 이러한 분석적 절차에 대한 예다(이선애, 2023).

빅데이터와 가설 검증

정보 기술의 발달로 진정한 빅데이터의 시대가 도래했다. 회계사도 기존과 달리 종류와 양의 측면에서 대폭 증가한 데이터를 입수하고, 업무에 활용할 수 있게 되었다. 분석적 절차에서 주로 사용했던 계정과목 수준의 자료 이외에도 회사 내부 및 외부에서 자료를 얻을 수 있게 되었고, 재무 및 비재무 데이터를 분석할 수 있게 되었다. 이러한 데이터 관리의 바탕에는 앞 장에서 언급한 ERP 시스템의 도입도 큰 역할을 담당했다. 회계팀 및 회사의 다양한 조직이 이러한 ERP 시스템을 사용함에 따라서 개별 거래 수준에서의 데이터가 분석 가능한 형태로 집계되어 관리되고 있다. ERP 시스템을 통해 개별 주문 단위의 매출 거래, 구매 거래, 생산 및 자금 활동 등 기업의 세부적인 자료가 데이터베이스 형태로 관리된다.

앞서 언급했듯이, 국세청의 휴폐업 API 조회 등 자료 수집 범위가 확대되었다. 이와 함께 RPA, API 등 다양한 채널을 통해 데이터를 입수할 수 있게 되었다.

850억을 지킨 은행원과 자료 수집

회계감사는 아니지만, 빅데이터가 보편화되기 전부터 접근 가능한 외부 데이터를 활용해 가설을 설정하고 검증하는 것이 가능했다. 이러한 분석으로 대규모의 손실을 예방한 사례를 소개하고자 한다.

2015년 모뉴엘이라는 회사가 이슈가 되었다. 빠르게 성장하는 전자제품 제조 및 판매회사로 평가받았으나, 결과적으로 해당 거래는 모두 허위거래였다. 그리고 모뉴엘에 대출을 실행한 은행들은 결국 대출 원금을 회수하지 못해 대규모 손실을 입었다. 이 와중에서 국내 한 시중은행의 심사역은 전문가적 의구심을 갖고 다양한 자료 분석을 통해 모뉴엘의 이상 징후를 사전에 발견해 대출을 회수했고, 손실을 예방할 수 있었다.

본 장의 내용과 관련된 부분만을 간단히 요약하면, 해당 은행의 대출 심사역은 모뉴엘이 납품했다고 주장하는 해외 온라인 쇼핑몰에서 모뉴엘의 제품을 조회했다. 하지만 모뉴엘의 제품을 판매하는 판매자를 검색할 수 없었다. 모뉴엘이 정상적으로 해외 쇼핑몰에 자사의 제품을 판매했다면, 동 쇼핑몰에 모뉴엘의 가전제품을 판매하는 판매자가 존재해야 하고, 일반 구매자는 그 제품을 검색할 수 있어야 할 것으로 가정한 것이다. 고객이 등록한 제품의 사용 후기는 고사하고, 제품 자체를 검색할 수 없었다. 따라서 이상 징후로 판단하고, 기존 대출을 조기에 회수해 다른 은행과 달리 손실을 예방할 수 있었다(SBS, 2015).

이 사례에서 심사역은 수작업으로 해외 쇼핑몰에서 모뉴엘의 제품을 검색했을 것으로 짐작된다. 본 사례의 주인공은 회계감사를 수행한 공인회계사는 아니지만 회사의 재무제표 등을 바탕으로 회사의 재무 상황을 심사하고 회사를 평가했다는 측면에서 회계감사와 유사한 측면이 많이 존재한다.

나중에 발표된 증권선물위원회 조사 결과를 보면, 모뉴엘과 공모해 허위거래를 수행한 것으로 발표된 잘만테크도 함께 조치를 받았다. 잘만테크 및 잘만테크의 임직원이 조치를 받았으며, 잘만테크를 감사한 회계법인과 담당 공인회계사 세 명도 감사 절차 소홀로 손해배상 공동기금 적립, 감사 업무 제한 등의 조치를 받았다(당시 모뉴엘을 회계감사한 감사인은 조치를 받지 않았다). 이는 증권선물위원회의 행정 조치였고, 잘만테크의 주주들이 회사 및 회계법인 대표 등을 상대로 한 손해배상 소송에서는 15억여 원의 배상 판결이 내려졌다. 만약 잘만테크의 담당 회계사가 RPA 기술을 활용할 수 있어서 감사 담당 회사의 제품을 인터넷에서 조회해 자료 수집하는 기술을 활용했으면 어떠했을지 생각해 볼 수 있다.

가설 검증은 꼭 수치형 자료간의 상관관계만을 의미하지 않는다. 모뉴엘과 잘만테크의 사례처럼 해외 온라인 쇼핑몰에 수출을 했다면, 해외 온라인 쇼핑몰에서 회사의 제품을 검색할 수 있어야 할 것이다. 해당 제품의 매출이 증가하고 있다면, 인터넷상에서 해당 제품에 대한 긍정적인 구매 후기를 쉽게 찾을 수 있을 것이라는 가설을 설정하고, 이를 확인할 수 있을 것이다. 결국 회계감사 과정에서의 가설 검증을 위해서는 데이터의 수집이 필요하며, 이제는 빅데이터 기술과 인공지능 기술을 활용해 상당 부분 가능해졌다.

인공위성 이미지 분석

비용 대비 효익이 크지 않아 아직은 활용되지 않고 있으나 위성사진 등을 경제활동 분석에 활용하는 것도 점차 증가할 것으로 예상할 수 있다. 미국 유통업체의 주차장을 확인해 경영 상황 평가에 활용하는 사례가 소개된 바 있다(Metz, 2019; 김현옥, 2021). 그 밖에도 인공위성 사진 정보는 (해외) 건설 현장의 진척도 확인 등에 활용할 수 있다.

앞서 인공지능 모델 중 이미지 분석을 수행하는 모델을 소개한 바 있다. 특히 이미지 분석 기술이 급속히 발전함에 따라 인공위성으로 촬영한 사진에서 희망하는 정보를 저렴한 비용으로 자동으로 추출하는 것이 가능해졌다. 사진 등 이미지에 필요한 정보를 추출해 회계감사의 감사 증거로 활용하는 것도 계속적으로 시도될 것으로 예상한다.

참고문헌

SBS(2015). [한수진의 SBS 전망대] 850억 지킨 은행원, "사실은 굉장히 불안했다".
https://news.sbs.co.kr/news/endPage.do?news_id=N1002807328&plink=COPYPASTE&cooper=SBSNEWSEND
김현옥(2021), 『처음 읽는 인공위성 원격탐사 이야기』. 플루토.

이선애(2023.3.2), [회계도 AI시대] ①늘어나는 부정행위…이상징후 탐지에 횡령 방지도. ≪아시아경제≫, https://www.asiae.co.kr/article/2023022709240253447

이진혁(2018.2.25). '분식회계' 모뉴엘 자회사 잘만테크 주주, 15억 배상 판결. ≪파이낸셜 뉴스≫, https://www.fnnews.com/news/201802231540332597

Metz C.(2019.1.24). 'Businesses Will Not Be Able to Hide': Spy satellites may give edge from above, *The New York Times*, https://www.nytimes.com/2019/01/24/technology/satellites-artificial-intelligence.html

06
인공지능의 회계 문제 해결 성능 추이

2022년 말 OpenAI사의 ChatGPT 3.5모델 출시 이후 2024년 말까지 인공지능 언어 모델의 성능개선이 빠르게 진행되고 있다. OpenAI사의 ChatGPT가 출시된 이후 현재까지 발표된 인공지능 언어 모델의 성능을 평가한다. 특히 회계 분야 과제에 대한 답변 성능을 평가한다. 이를 통해 회계 문제 해결 측면에서의 인공지능 언어 모델의 발전 속도와 현재 상황을 논의한다.

AI와 야구?

거대 언어 모델

2022년 11월 OpenAI사의 ChatGPT 3.5가 공개되었다. ChatGPT 이전에도 인공지능 연구는 활발히 진행되고 있었다. 다만 사람들은 인공지능이 사람의 언어의 의미를 이해하거나 실질적인 의미를 포함한 문장(단락)을 스스로 생성하는 것은 먼 미래에나 가능하다고 생각했다. 하지만 ChatGPT의 출현과 함께 이제 우리는 이러한 일이 멀지 않은 미래에 가능해질 것이라고 기대하게 되었다.

인공신경망 및 다른 인공지능 모델들을 이용해 사람이 사용하는 언어인 자연어를 인공지능을 통해 처리하고자 하는 시도는 계속적으로 존재해 왔다. 앞 장에서 설명한 인공신경망 구조를 다양하게 변경하고, 레이어(분석하는 단계)를 증가하는 등 인공신경망 구조를 확장해 자연어를 자동으로 처리하려는 시도를 계속했다.

자연어를 다루는 인공지능 연구는 모델의 설계와 구현은 어렵지만, 인터넷에 공개된 자료(글)가 다른 문제에 비해 상대적으로 풍부하게 존재하므로 인공지능 모델의 훈련에 활용할 수 있는 자료가 풍부하다는 장점이 있다. 대부분의 인공지능 모델의 개발을 위해서는 훈련이라는 과정이 필요하고, 훈련에는 정답을 알고 있어야 인공신경망 안에 존재하는 가중치들을 적절하게 조절해 우리가 원하는 정답을 인공지능 모델이 답변하게 만들 수 있기 때문이다. 자연어 모델도 다양한 방법으로 훈련시킬 수 있다. 훈련 방법 중의 한 가지를 소개하자면, 하나의 문장을 구성하는 단어를 일정한 순서로 인공지능 모델에 제시했을 때, 그 다음에 나오는 단어를 인공지능 모델이 답변하도록 (또는 문장 앞뒤의 단어를 입력하면, 중간에 위치한 단어를 답변하도록) 훈련할 수 있다. 이런 방식으로 훈련을 진행시키면, 기존에 인터넷 등에 존재하는 무수히 많은 문장들을 별도의 처리나 가공 없이 훈련에 바로 활용할 수 있다. 인간이 별도로 정답을 설정할 필요가 없고, 다른 문제에 비해 훈련 데이터를 획기적으로 증가시킬 수 있다.

인공지능 모델에서도 훈련 데이터와 함께 모델 자체의 규모가 중요한 것으로 나타나고 있다. 최근에는 인공지능 모델의 구조를 대폭 확장해, 인공지능 모델 내에서 활용되는 가중치(파라미터)의 수가 1천억 개 이상인 모델들이 좋은 성능을 발휘하는 것으로 알려져 있다. 기존에 인공지능이 해결하기 어려울 것으로 예상했던 문제들도 파라미터의 수를 증가시켜 개발한 모델에서는 해결할 가능성이 점점 가시화되고 있다(Kaplan, et al.,

2020; Wei, et al., 2022; Schaeffer, et al., 2023). 이에 ChatGPT를 포함, 인공지능 연구가 더욱 가속화되고 있다.

ChatGPT 초기 모델의 회계 문제 해결성능

OpenAI사의 초기 버전인 ChatGPT 3.5는 생성형 AI의 장점을 잘 구현해, 사용자가 입력한 명령어(프롬프트)에 부합하는 내용을 텍스트로 구성해 답변으로 제공했다. 초기 버전은 텍스트만 입력으로 받을 수 있었다. 이제 ChatGPT-3.5 버전은 새로운 모델들의 출시로 인해, OpenAI의 서비스 제공 웹사이트에서도 제외되었지만, 이러한 ChatGPT 초기 모델을 회계 분야에 적용해 평가한 연구 결과를 간단히 소개하겠다(윤양인, 2023a).

초기 인공지능 언어 모델을 활용해 회계정보의 이용자에 대해 질문한 결과, 경영진, 투자자, 채권자, 세무 당국 등을 나열했고, 이들 이해관계자가 어떻게 회계정보를 활용할 수 있는지 등을 답변했다. 이는 기존 인공지능 모델에서는 기대하기 어려웠던 답변이었다. 또한 현금 거래를 수반한 자본금 증가, 은행예금 등 비교적 단순한 거래에 대해 설명을 제시하면, 이를 차변과 대변으로 구분해 회계처리에 대한 올바른 답변을 제시했다. 또한 단순한 유형자산 취득 및 사용에 대한 정보를 제공하면, 감가상각 관련 분개 등을 올바르게 제시했다. 다만, 내용이 복잡해지면, 관련 계정과목까지는 올바르게 답변하지만 구체적인 수치는 부정확하게 답변하는 것으로 나타났다. 특히 채권 거래 회계처리 등에서 현재가치 계산의 산식까지는 올바르게 제시하지만 해당 산식을 실제로 계산해 제시한 답변에는 오류가 존재했다.

다만, 프롬프트에 계산 방식과 계산 예시 등을 포함해 질문할 경우 올바르게 답변하도록 유도하는 것이 가능한 것으로 나타났다. 원가회계 분야의 문제 해결을 위해 완성품 환산량을 고려한 원가계산 및 금액 배분 등의 과제를 사용해 ChatGPT를 시험한 결과, 제시문에 포함한 정보를 올바르게 추출하고, 프롬프트로 주어진 관련 산식을 적절하게 적용해 계산까지 올바르게 수행하는 것으로 나타났다(윤양인, 2023b).

요약하면, 초기 생성형 인공지능 언어 모델은 회계의 개념은 어느 정도 답변했으나, 구체적인 수치 적용해 올바른 계산 결과를 기대하기에는 다소 부족한 상황이었다. 하지만 회계 분야에서도 자연어 형태로 제시한 문제를 인공지능이 해결할 수 있는 가능성을 보여주기에는 충분했다.

ChatGPT 후속 버전-파일 업로드 및 웹 검색

ChatGPT의 초기 버전은 회계 관련 문제에 일부 오류 있는 답변을 제시하는 것 이외에도 다른 제약사항이 있었다. 사용자는 글자 수 제한이 있는 프롬프트만 입력할 수 있었으며, 컴퓨터에 저장된 문서 등을 추가로 입력하는 것은 불가능했다. 프롬프트에 문서 내용을 문장 형식으로 입력하는 것은 가능하지만 사용이 불편하고 글자 수 제약으로 여러 번에 걸쳐서 나누어 입력해야 하는 등의 어려움이 존재했다. 또한 ChatGPT 모델 개발(훈련)에 사용된 내용을 바탕으로 답변을 생성하므로, 새로운 정보를 사용자가 프롬프트로 제시하지 않는 한 답변이 최신 정보를 반영하지 못하는 한계가 존재했다.

ChatGPT-4가 출시된 이후 동일한 버전 내에서 소규모의 개선을 지속해 사용자가 파일을 첨부할 수 기능도 추가되었다. 특히 파일 형식에 제약이 없어, PDF 등의 문서도 첨부하는 것도 가능해졌다.

이러한 파일 첨부 기능은 ChatGPT의 새로운 활용 가능성을 제시했다. 활용 사례로, 온실가스 배출권 제도와 관련해 배출권 보유 및 배출 의무와 관련된 회계처리를 인공지능 언어 모델인 ChatGPT가 해결한 사례를 활용한 연구를 소개하고자 한다(윤양인, 2024a). 온실가스 배출권과 관련해 국제회계기준에는 별도로 이와 관련된 회계기준이 존재하지 않는다. 따라서 ChatGPT가 훈련에 활용한 것으로 알려진 인터넷에 공개된 문서(영문으로 작성된 문서 및 한글 문서 등)에 이러한 온실가스 회계처리와 관련된 내용은 그 양이 다른 거래 유형의 회계처리 문서에 비해 매우 적을 것으로 예상할 수 있다. 예상에 부합하게, 온실가스 배출 관련 상황을 요약해 ChatGPT에게 질문한 결과, 우리나라 회계기준원에서 발표한 회계처리와는 다른 내용을 답변했다.

하지만 새로 추가된 파일 첨부 기능을 활용해 답변을 개선할 수 있는 가능성이 존재했다. 한국회계기준원이 발표한 27쪽 분량의 PDF 파일을 별도의 가공 없이 표지를 포함해 그대로 ChatGPT에 업로드한 후에 첨부 파일을 참고해 회계처리를 요청하면, 한국회계기준원의 '일반기업회계기준 제33장 온실가스 배출권과 배출부채'에 부합하는 올바른 분개를 ChatGPT가 제시하는 것으로 나타났다(윤양인, 2024a).

이제까지 회계기준을 바탕으로 기준을 이해하고, 개별 사례가 제시되었을 경우에 회계기준을 적용하는 등의 역할은 전문가의 영역이었다. 하지만 이제 인공지능 언어 모델에 회계기준을 함께 제시할 경우, 이를 개별 거래 상황에 적용해 구체적인 회계처리까지 올바르게 답변하는 수준에 이르렀다.

또한 인터넷 문서나 PDF 형태 등으로 유통되는 재무제표는 대표적인 비정형 데이터로, 사용자가 희망하는 항목의 자료를 추출하려면 수작업으로 관련 문서를 처음부터 확인해 필요한 정보를 발췌하는 방식으로 정보가 활용되어 왔다. 하지만 ChatGPT에 금융감독원의 전자공시 시스템에서 다운로드 받은 1백여 쪽의 PDF 형식의 감사 보고서를 별도의 가공 없이 그대로 업로드하고 '투자부동산', '순확정급여자산' 등 재무제표상의 특정 수치를 요청한 결과, 올바른 답변을 제시했다. 또한 당해 연도 온실가스 배출량, 특정 연도의 무상할당 배출권 수량 등 주석에 포함된 내용도 PDF 형식의 파일에서 올바르게 추출해 답변했다(윤양인, 2024a).

이제 ChatGPT 등을 활용해 비정형 데이터를 정형 데이터로 손쉽게 가공할 수 있게 되었다. 재무제표의 자동화된 분석과 활용이 더욱 가속화될 것으로 예상할 수 있다.

발전하는 ChatGPT

OpenAI의 ChatGPT 등은 새로운 기능을 탑재한 개선된 버전을 속속 출시하고 있다. 이 책을 집필하고 있는 2025년 1월 현재 다시 구 버전이 된 ChatGPT 4o는 이전 버전의 회계처리에 나타난 오류가 대폭 개선되었다. 후입선출법(LIFO, Last In First Out)을 적용한 재고자산의 단가 계산이나, 유효이자율법을 적용한 채권 보유자의 회계처리, 간접법 방식의 영업현금 흐름표 작성 지원, 연립방정식을 활용해야 산출할 수 있는 상호배부법을 적용한 간접비 배부 등 재무회계와 원가회계의 기본 문제는 계산의 정확성을 포함해 적절하게 답변하는 것으로 개선되었다(윤양인, 2024b).

또한 인터넷 검색이 가능해져서, 인터넷 검색을 통해 관련 정보를 수집하고, 해당 내용을 반영해 답변을 개선하는 기능도 탑재했다. 이를 통해 최신의 세법 개정 내용을 반영해 세액을 계산하거나, 특정 기업의 재무수치를 검색하는 것도 가능해졌다.

이 장에서 언급한 모든 변화들은 불과 2022년 말에서 2024년 사이의 2년 동안 일어난 변화다. 여기서는 소개하지 못했지만, 이제 인공지능 에이전트 등 새 모델이 소개되어 기존의 규칙에 기반한 다소 경직되었던 RPA 기능을 흡수할 것으로 예상된다. 이제 인공지능 모델이 컴퓨터와 스마트폰 등을 제어하고 외부와의 통신도 자율적으로 수행하는 기능으로 확장되어 그 적용 범위를 빠르게 확장하고 있다.

참고문헌

윤양인(2023a). 인공지능 언어 모델과 회계교육 : ChatGPT의 성능과 활용가능성을 중심으로. ≪전산회계연구≫, 1-29쪽.

윤양인(2023b). ChatGPT 등 인공지능 모델 출현에 따른 원가관리회계 교육에서의 조화 가능성 탐색. ≪회계정보연구≫, 43-78쪽.

윤양인(2024a). ChatGPT와 회계정보: 온실가스 회계기준 적용 및 XBRL보완 가능성 탐색을 중심으로. ≪한국콘텐츠학회논문지≫, 124-135쪽.

윤양인(2024b). ChatGPT의 성능개선 및 검색기능 평가 - 회계 분야 문제 해결 사례를 중심으로. ≪경영과 정보연구≫, 145-168쪽.

Kaplan, J., et al.(2020). Scaling laws for neural language models. arXiv preprint arXiv:2001.08361.

Schaeffer, R., et al.(2023). Are emergent abilities of large language models a mirage?. *Advances in Neural Information Processing Systems*, 36, 55565-55581.

Wei, J., et al.(2022). Emergent abilities of large language models. arXiv preprint arXiv:2206.07682.

07
인공지능 언어 모델과 결합한 ERP 시스템

최근의 인공지능 언어 모델은 인공지능 에이전트 개념으로 확장되고 있다. 이전에는 RPA를 통한 제한적인 자동화를 수행했다면, 이제는 인공지능 언어 모델을 탑재한 에이전트가 변화하는 상황에 실시간으로 대응하며 수행하는 사례들이 발표되고 있다. 회계정보 생성과 ERP 시스템 운용 측면에서의 인공지능 에이전트의 도입 사례와 전망을 소개한다.

AI와 윤동주?

채팅과 발주서 업로드로 작동하는 ERP

RPA는 사전에 정해진 작업 동작을 정해 놓으면, 그 방식대로 마우스 클릭과 키보드 등을 동작시켜 사람의 개입 없이도 컴퓨터를 작동시키는 자동화 기술이다. 기존에는 운영체제가 아닌 이상 자신이 속한 애플리케이션 안에서만 작동했던 한계를 극복하고, 사람 대신 컴퓨터를 조종해 효율성을 개선하는 방법으로 주목받아 왔다.

하지만 RPA는 기존에 정해진 루틴만을 자동화한다는 단점이 존재했다. 이러한 RPA의 단점이 인공지능 언어 모델과 결합되어 새로운 가능성을 제시하고 있다.

앞 장에서 기업의 회계정보 관리의 기본 인프라로 ERP 시스템을 소개한 바 있다. 이 ERP 시스템도 전통적인 애플리케이션으로, 사용자가 관련 메뉴를 선택하고, 화면상에서 특정 입력칸에 키보드로 정보를 입력하거나 필요한 조치를 취하는 것이 필요했다.

만약 영업팀에서 고객으로부터 주문을 받으면, 고객이 보내온 주문서를 사람이 읽고 해당 품목과 수량, 고객 정보를 ERP에 입력하는 것이 필요했다. RPA를 이용하더라도 고객마다 발주서 문서 양식이 다르면, 고객마다 다른 RPA를 각각 만들어서 필요한 정보를 기계적으로 정해진 위치에서 추출해서 ERP 시스템에 입력하는 것이 필요했다. 하지만 앞 장에서 살펴보았듯이, 인공지능 언어 모델에서는 다양한 양식의 문서에서 필요한 정보를 올바르게 추출하는 성능이 획기적으로 개선되었다. 이제는 PDF나 워드 문서로 작성된 발주서를 ERP에 업로드하면, ERP 시스템이 필요한 정보를 자동으로 추출해 시스템에 입력하는 수준으로까지 진행되었다(토크아이티, 2024).

ERP 시스템의 장점 중의 하나는 기업의 각 부문의 자료를 통합해 실시간으로 조회할 수 있는 기능이다. 하지만 이렇게 조회된 정보를 해석하고 그에 따른 실행 방안(action plan)을 수립하는 것은 인간의 역할이었다.

하지만 최근 인공지능 언어 모델의 발전으로 ERP 시스템에도 인공지능 언어 모델이 탑재되었다. 기존에는 인간만이 가능했던 역할을 인공지능 모델이 수행하는 사례를 소개하고자 한다. 예를 들면, ERP 시스템에서 기업의 주요 현황을 조회한 후, ERP 시스템 내에 존재하는 채팅 창에서 현재 화면에서 조회 중인 내용에 대해 인공지능 언어 모델에게 분석을 요청할 수 있다. 시스템에서 조회된 내용을 분석하고 대응 방안 수립을 요구하면, 이를 제시해 주는 단계까지 진행되었다(토크아이티, 2024). 경영자나 재무책임자(CFO) 등의 역할로 간주되는 부분까지도 인공지능 언어 모델을 높은 수준에서 활용할 수 있게 되었다.

기존에는 사용자가 ERP 시스템을 작동하기 위해 관련 메뉴나 버튼을 직접 클릭해야 했다. 이제는 사용자가 ERP 시스템 내에 있는 채팅창에 원하는 내용을 문장 형식으로 입력하면, 인공지능 언어 모델이 이를 바탕으로 ERP 시스템을 작동하는 수준까지 구현되고 있다. 채팅을 통해 ERP 시스템을 조작하고, 화면에 사용자가 원하는 결과를 출력하는 기능까지 구현되었다(토크아이티, 2024). 현재 음성인식, 즉 음성을 텍스트(글자)로 변환하는 기술은 상당 수준 도달했고, 채팅 대신 음성으로 ERP 시스템을 작동하는 수준도 현재 기술만으로 충분히 구현 가능할 것이다.

채팅과 음성으로 ERP 시스템을 구동하는 것이 가능해졌다. 회계정보의 생성을 위한 기업의 업무가 더욱 자동화 될 것으로 예상할 수 있다.

컴퓨터를 조작하는 인공지능 모델

채팅창을 탑재한 ERP 시스템을 소개했다. 비단 ERP 시스템뿐 아니라 인공지능 언어 모델에서 웹브라우저 등 다른 프로그램들도 능동적으로 조작하는 기능들이 발표되고 있다. 정해진 문서 양식에 관련 정보를 찾아 채우거나, 인터넷에서 링귀니(이탈리아 음식) 조리법을 검색해 필요한 재료를 인터넷 쇼핑몰에서 주문하는 작업을 인공지능 언어 모델에게 채팅 형식으로 요청하면, 실제로 웹브라우저 등 관련 프로그램을 인공지능 언어 모델이 작동시켜 요청한 내용을 스스로 수행하는 수준까지 도달했다(Anthropic, 2024; OpenAI, 2025). 이제 정말로 단순 반복적인 업무는 인간이 아닌 컴퓨터가 자동으로 처리해 주는 시기가 되었다.

이미 2018년 구글은 음성 인식 프로그램으로 미용실을 예약해 주는 기능을 선보인 바 있다(Google for Developers, 2018). 하지만 그것은 사람이 요청한 내용을 컴퓨터로 작동시키는 수준은 아니었다. 이제는 문장 형식으로 요청하면 그에 따라 컴퓨터를 작동하는 기술에까지 이르렀다.

회계 담당자에게 요구되는 역할

앞서 살펴보았듯, 기업의 대부분의 거래는 정보 시스템에 의해 자동화되어 처리되고, 그 결과 회계기록의 유지 관리도 자동화되어 처리된다. 따라서 이러한 IT시스템을 이해하고 회계 업무를 수행하는 담당자와 단순히 결과만을 처리하는 담당자 사이에는 차이가 있을 것이다.

향후에는 프로그램 개발을 인공지능이 대신함으로써 프로그램 코딩 기술을 습득하는 것조차 필요 없어질 것이라는 의견도 있다. ERP 회계 시스템을 바라보는 관점도 이와 유사하다. ERP 시스템의 결과를 활용하면 충분하므로, 구체적인 작동 방식이나 원리를 굳이 알지 않아도 된다고 생각할 수도 있다.

하지만 자동으로 생성되는 수많은 회계 전표가 우리 회사의 어느 부서에서 어떤 업무를 수행하는 과정에서 발생하고 입력되는지를 이해하는 담당자와 그렇지 않은 담당자 사이에는 향후 발전 가능성 측면에서 큰 차이가 존재할 것이다. 이는 회사 임직원 뿐 아니라 회사를 감사하는 회계사에게도 동일하게 적용될 것이다.

내부통제 감사와 ERP 시스템 감사

ERP등 시스템이 자동화되어 정확성과 효율성이 높아졌다. 동시에 자동으로 정보들이 전산화되어 처리됨으로써 관련 절차와 흐름이 눈에 보이지 않고, 복잡해지기도 한다. 전자적인 형태로 자료가 처리될수록 중간 결과물 등을 확인하는 것이 어려워지고, 오류나 부정이 개입될 여지도 이에 비례해 증가할 수 있다.

특히 시스템에 의해 관리되는 기록은 온전히 시스템에 의해서만 변경, 삭제되는 것임을 보장하는 것이 필요해졌다. 예를 들면, 기존에는 발주서, 출고서, 영수증 등 개별 종이 서류에 물품의 수량이 동일하게 기재되어 있는지를 직접 육안으로 각 서류를 비교해 일치 여부를 확인하고, 회계기록의 정확성을 점검했다면, 이제는 관련 내용 모두가 시스템으로 관리되고 있다.

시스템에 각각의 수량이 모두 자동으로 연동되어 운영되도록 설계되었고, 이용자가 이를 임의로 변경하지 못하도록 프로그램이 설계되었다면, 당연히 전자적으로 관리되는 수치는 서로 일치할 것이다. 하지만 시스템 구현 과정에서, 예상하지 못한 실수 등 오류가 발생할 수 있다. 또는 시스템을 통해 정당하게 기록된 내용을 시스템을 거치지 않고 직접 기록 저장장치(데이터베이스)의 내용을 변경(입력, 수정, 삭제)했을 경우에는 자료의 신뢰성을 담보하기 어렵게 된다. 자주 발생하는 사례는 아니지만 회사가 직접 데이터베이스의 수치를 변경하는 사례가 존재하기 때문이다(강성원 외, 2013).

따라서 회계사도 기업의 내부통제를 점검하는 과정에서 정보 시스템에 대한 이해와 실제로 이러한 내용을 확인할 수 있는 역량을 보유하는 것이 필요해졌고, 앞으로 더욱 확대될 것이다. 기존 감사 과정에서는 정보 기술 일반통제(IT General Control) 등은 일부 전문가가 수행하고, 일반 계정담당 회계사들은 이를 신경 쓰지 않고 전통적인 방법으로 감사를 진행했다. 현재도 일반 계정담당 회계사가 정보 시스템의 변경 이력이나 데이터베이스 내용과 관련된 로그 점검 등 전문적인 정보 기술 지식이 필요한 부분까지 진행하는 것은 현실적으로 적절하지 않을 것이다.

하지만, 회계기록이 정보 시스템에 의존하는 정도가 증가하고 복잡해질수록 일반 회계사들도 정보 시스템(ERP 시스템)의 작동 원리와 흐름을 이해하는 것이 필요할 것이다. 이러한 이해를 바탕으로 시스템의 취약점을 평가해 리스크 요인을 선정하고, 이에 필요한 다양한 감사 증거를 적절히 입수해 분석, 평가하는 것이 요구될 것이다. 특히 회사의 내부통제(내부회계관리제도)에 대한 중요성이 지속적으로 강조되고 있다. 이에 따라, 감사인에게 회계 관련 정보처리 흐름에 대한 높은 수준의 이해를 요구하게 될 것이다.

내부통제 기능과 ERP의 기회

정보 시스템의 리스크 요인에 대해 너무 과장된 면이 없지 않는 듯해 긍정적인 측면을 함께 논의하고자 한다. 우리는 ERP 시스템을 중심으로 한 기업의 회계시스템을 설명했다. 그러나 ERP 시스템의 도입 수준은 회사마다 차이가 존재하고, 일부 업무만을 자동화한 경우도 있다. 또한 소규모 기업의 경우, 여러 이유로 정보 시스템을 사용하지 않거나 회계정보를 엑셀 등으로만 관리하는 경우도 존재할 수 있다.

반면, 촘촘하게 설계된 ERP 시스템을 사용할 경우, 기업의 업무를 ERP 시스템에 기반해 수행하므로 내부통제 자체의 수준이 향상되는 긍정적인 측면이 존재한다. 자료도 체계적으로 관리되어 내부적인 경영 분석, 회계감사 대응 등 다양한 측면에서의 장점이 존재한다. 회계사 측면에서도 명확하게 설계된 ERP 시스템의 경우에는 회계감사 포인트를 효과적으로 설계하고, 그에 대한 자료를 수월하게 입수할 수 있어 업무 효율이 향상되고, 감사 실패를 줄일 수 있게 된다(토크아이티, 2024).

다만 정보 시스템은 취약점이 존재하므로, 이에 대한 점검은 필수적이다. 모든 도구와 마찬가지로 장단점은 병존하며, 이를 어떻게 활용할 것인지는 도구(인공지능) 사용자에 따라 결과가 달라지기 때문이다.

참고문헌

강성원 외(2013). 『회계사가 말하는 회계사』. 부키, 63쪽(IT 전문 회계사를 향한, 한 걸음, 한 걸음).

토크아이티(Talk IT)(2024). 2025 SAP ERP 트렌드, AI에이전트 줄(Joule), 클라우드 ERP, BTP [토크아이티 프리미엄 웨비나, SAP]. https://www.youtube.com/watch?v=PbFJx6RVZS4

Anthropic(2024). Claude | Computer use for automating operations. https://www.youtube.com/watch?v=ODaHJzOyVCQ

Google for Developers(2018). Keynote(Google I/O '18). https://www.youtube.com/watch?v=ogfYd705cRs

OpenAI(2025). Demonstrating operator. https://www.youtube.com/watch?v=gYqs-wUKZsM

08
감사 범위 확대와 해결 과제

회계감사 과정에서는 회계정보의 산출 및 관리 절차를 점검하게 된다. 빅데이터 시대가 도래함에 따라 회계사도 손쉽게 감사 대상 회사의 데이터를 획득할 수 있으며, 샘플링이 아닌 전수 검사를 수행하는 것이 가능해졌다. 하지만 회계사에게 적용되는 대표적인 규제인 감사기준의 일부 조항은 이러한 감사 범위 확대의 방해물로 작용한다. 빅데이터 분석의 활성화를 위한 규제적 측면을 논의한다.

AI와 한의학?

내부통제와 회계감사

공인회계사가 회계감사 과정에서 살펴보는 내용에는 여러 가지가 있지만, 크게는 회사가 제시한 재무제표와 이를 산출하는 회사의 내부 업무 절차 두 가지를 점검한다. 회계감사의 결과물인 감사 보고서도 기존에는 "재무제표에 대한 감사 보고서"가 중심이었다. 하지만 재무제표는 회사가 작성하는 것이고, 회사의 재무제표 작성에 직간접적으로 관련된 회사의 업무 절차가 올바르게 운영되고 있다면, 그 결과물인 재무제표도 올바르게 작성될 것이라는 관점도 강조되기 시작했다. 즉, 재무제표 작성과 직간접적으로 관련된 절차에 중점을 두고 점검하는 방향으로 변화해 왔다. 재고자산 관리를 예로 들면, 과거에는 12월 말에 회사 창고에 쌓여 있는 재고자산의 품목별 수량을 회계감사 과정에서 시간을 투입해 확인하는 것을 강조했다. 최근에는 회사가 재고자산을 관리하는 활동인 취득(구매), 보관, 출고, 모니터링 등의 절차가 어떻게 설계되어 있고, 그것이 설계된 대로 운영되고 있는지 여부를 평가하는 절차도 강조되고 있다.

이러한 측면에서 회계감사인도 재무제표에 대한 감사 보고서뿐만 아니라 "내부회계관리제도에 대한 감사 보고서"도 함께 작성하고 있다(외감법 제8호 제7항). 이렇게 회사가 업무를 수행하는 절차를 내부통제라는 용어로 지칭하고 있다. 이번 장에서는 내부통제와 관련해 인공지능과 빅데이터가 어떻게 활용되고 있는지 논의하겠다.

내부통제와 정보 시스템(ERP)

회계감사 과정에서 회계사는 회사의 내부통제가 효과적으로 설계 및 운영되고 있는지 여부에 대해 감사를 실시한다. 다시 말하면, 회사의 회계기록이 올바르게 작성 및 관리될 수 있도록 업무 절차가 적절하게 설계되어 있는지를 평가하고, 설계된 절차대로 실제로 회사의 업무들이 수행되고 있는지를 점검하게 된다.

회사가 오류와 부정을 예방하고, 정보의 신뢰성을 높이기 위해 업무 절차를 세분화하고, 이중 삼중의 절차를 설계해 운영한다면 회계정보의 신뢰성도 높아질 것이다. 하지만 그에 따라 운영비용도 함께 증가하게 된다. 회사의 규모와 업종 등 회사가 처한 구체적인 상황 및 비용과 효익을 고려해 내부통제 절차를 운영하게 된다.

앞서 살펴보았듯, ERP 시스템의 도입은 내부통제 비용을 대폭 줄이면서도 높은 수준의 통제 목적을 달성할 수 있게 도와준다. ERP를 도입한 회사의 경우, 업무의 상당 부분을 ERP 시스템을 통해 수행하고, 내부통제 또한 ERP 시스템을 통해 구현하는 경우가 많다. 따라서 회계사의 내부통제 감사도 이러한 ERP 시스템을 중심으로 수행하게 된다

내부통제 감사의 범위 확대(전수 검사)

기업 내부에서 수행한 절차는 기업 규모에 따라 다르겠지만, 회계사 한 명이 수작업으로 살펴보기에는 그 수가 방대할 것임을 쉽게 예상할 수 있다. 예를 들어, 1천만 원 이상인 외상거래에 대해서는 품목을 출고하기 전에 거래처에 대한 신용 점검을 진행하고 출하하도록 특정 회사의 내부통제가 설계되었다고 가정하자. 이 경우, 회사를 감사하는 회계사는 회사가 실제로 1천만 원 이상인 외상거래에 대해 거래처 신용에 대한 평가를 수행했는지 개별 거래 건을 점검해 실제 설계된 대로 운영되고 있는지 확인하게 된다. 과거에는 점검 대상 거래 중 매우 적은 수의 표본만을 선정해, 내부통제 이행 여부를 확인하는 방식으로 진행했다. 하지만 ERP 시스템을 통해 신용 점검 진행 여부를 기록하고 관리하고 있다면, 회계사 또한 관련 ERP 시스템에 기록된 자료를 활용할 수 있다. 회사의 1천만 원 이상 신용 거래에 대해 출고 전 신용 점

검 수행 여부를 확인할 수 있다.

과거의 업무 처리 방식이었던 종이에 결재를 받고 서류를 캐비닛에 보관하던 방식과 달리 ERP 시스템을 사용하므로 모든 자료는 전산화되어 관리된다. 따라서 기존의 샘플링 점검 방식으로 제한된 거래만을 살펴보던 방식에서 탈피해, 전체 거래를 대상으로, 내부통제 절차를 준수하며 운영되고 있는지 점검할 수 있게 되었다. 이로써 일반적으로 감사의 범위는 확대되고, 그에 따라 감사 실패의 확률도 줄일 수 있다. 즉 감사의 품질이 높아진다고 기대할 수 있다.

내부통제 감사와 빅데이터(데이터 분석)

이렇게 ERP 시스템과 관련 데이터를 활용하면 기존에는 불가능했던 다양한 측면에서의 내부통제 감사가 가능해진다. 앞서 가정한 외상거래 시 거래처 신용 확인의 예를 이어서 설명하겠다. 이 경우, 단순히 신용 점검 수행 여부를 확인하는 것 이외에도, 신용 점검 승인 시각, 승인자, 필요시 덧붙인 관련 코멘트 등을 확인할 수 있다. 물론 종이 결재를 받는 경우에도 이 정보가 종이 서류에 포함되어 관리되고 있다면 정보를 기록하고 확인할 수 있을 것이다. 하지만 전산화된 형태로 관리할 경우 종이에 기록한 정보보다 그 활용 범위가 대폭 확대된다(물론 종이 결재 서류도 OCR 기술을 적용해 변환 후 분석하는 절차를 진행하는 것도 가능하다).

ERP 등 시스템에서는 업무 흐름과 관련된 다양한 정보가 기록되고 관리된다. 단순히 승인 여부만 확인하는 것 외에도 다양한 정보를 추가로 점검할 수 있다. 해당 품목의 승인 시각(일자)과 물품의 출고 시각을 비교해, 모든 승인이 물품의 출고 이전에 수행되었는지 확인하는 것도 가능하다. 또한 승인 일시가 정상적인 근무시간 내에 존재하는지, 승인이 정당한 권한을 부여받은 직원에 의해 승인되었는지, 단시간에 너무 많은 거래가 일시에 승인되어 실질적인 검토가 부재한 것은 아닌지 등 내부통제의 운영을 보다 입체적으로 평가하는 것이 가능해진다.

또한 일반적으로 ERP 시스템은 승인 시각, 승인권자 등 관련 기록을 ERP 시스템을 거치지 않고 직접 수정하는 것을 허용하지 않으므로 시스템에 기록된 정보의 신뢰성 또한 확보할 수 있다. 그리고 ERP 시스템을 직접 거치지 않고 자료를 수정하는 경우에도 관련 기록이 시스템 어딘가에는 존재하므로 이러한 행위를 사전 예방하거나 사후에 적발할 수 있는 장점이 있다(토크아이티, 2024).

전수 검사 구현의 방해물(소송 위험)

감사인이 확인하는 자료의 양이 증가할수록 감사 품질이 향상될 것으로 기대할 수 있다(IFAC, 2017; IFAC, 2018). 그러나 감사인이 처한 상황을 고려하면, 감사인이 전수 검사를 구현할 동기부여가 줄어드는 것이 현실이다.

전수 검사 결과 대부분이 정상적으로 진행되어, 예외 사항이 없는 것이 모두가 원하는 결과일 것이다. 하지만 현실은 이와 다르다. 긴급한 거래 건에 대한 승인권자의 부재, 주말에 과다하게 승인된 거래, 잦은 인사이동으로 인한 승인자의 빈번한 변경 등 회사의 상황에 따라 다수의 예외 사항이 발생할 수 있다. 특히 제한된 감사 기간 내에 감사인이 물리적으로 확인하기 불가능할 정도의 다수의 예외 사항이 전수 검사 결과 발견될 수 있다. 이 경우 감사인은 딜레마의 상황에 직면한다.

데이터 분석을 통해 발견한 예외 사항이 사전에 고려하지 못한 몇 가지 예외적인 케이스에 해당할 경우에는 해당 내용을 점검에 추가해 (가설을 정교화해) 다시 전수 검사를 수행하면 된다. 예를 들면, 승인권자가 1년 동안 세 번 변경되었다면, 3명을 승인권자로 추가해 전수 검사 시 반영할 수 있다. 승인 권한이 없는 자에 의해 승인된 거래를 다시 점검한다면, 이전에 나타난 다수의 예외 사항을 해결할 수 있을 것이다. 또한 이러한 과정을 통해 인사이동이 1년에 수차례 존재하는 상황 등, 감사 대상 회사에 대한 이해를 심화할 수 있을 것이다.

하지만 몇 가지 유형으로 한정할 수 없는 예외 사항이 많이 발생하는 경우에도 감사인은 원칙적으로 해당 예외 사항의 위험에 대한 수준을 건건이 확인하고, 내부통제의 전체적인 위험 수준을 평가해야 한다. 왜냐하면, 감사인이 전수 검사 결과 발견한 예외 사항이 아직 발견되지 않은 회사의 부정거래와 관련되어 있을 수 있기 때문이다(이선애, 2023).

만약 회사에 존재했던 부정이 사후에 표면화되고, 이것이 만약 감사인이 회계감사 당시 발견한 예외 사항과 관련성이 높아서, 회계감사 당시에 추가적인 감사 절차를 진행했더라면 발견할 수 있었던 부정거래인 경우에는 문제가 심각해진다. 감사인이 감사기준에 따른 감사 절차를 이행하지 않고, 감사 절차를 소홀이 이행한 것으로 평가될 가능성이 존재하기 때문이다.

이러한 가능성 때문에 회계사는 과거에 수행한 방식과 동일하게 적은 수의 샘플 거래만을 무작위로 선정해 이상이 없음을 확인하고 감사 절차를 종결하는 것을 선호할 수 있다. 현행 감사기준에 따르면 샘플링을 통한 감사 절차는 정당하게 수행한 것으로 인정되며, 사후 회사의 부정이 존재하더라도 감사인은 그 부정을 적발하지 못한 책임에서 면제될 수 있기 때문이다. 하지만 데이터 분석을 통한 전수 검사를 진행한 경우에는, 그만큼 감사인의 책임 범위가 증가할 수 있다. 즉 현재의 감사기준이 전수 검사를 통한 감사 품질 개선을 저해하는 측면이 있다(Yoon, et al., 2023).

데이터 분석과 감사기준의 개선

이를 해결하기 위해 감사기준 제정기구 등에서도 검토를 진행했거나 진행 중에 있다. 국제감사인증기준위원회(IAASB)에서는 Data Analytics Working Group (DAWG)을 추진하고, 현행 국제감사기준 등의 검토를 진행하고 있다(IAASB, 2016; IAASB, 2022; IAASB, 2024;). 미국공인회계사회(AICPA)에서는 대학과 연계해 데이터 활용 감사에 대한 연구를 진행했다(AICPA, 2020). 학계에서도 이에 대한 대안으로 개별 거래의 위험도 등을 평가해 우선순위를 부여하거나, 기존에 활용되던 층화추출법(stratified sampling) 등을 위험도를 기준으로 적용해 샘플링을 진행하는 방법 등이 제안되고 있다(Huang, et al., 2022; Yoon, et al., 2023). 하지만 데이터 분석 기법을 적극적으로 적용하는 과정에서 감사인의 소송 또는 감리 위험 증가에 대한 우려를 완화하기에는 미흡한 상황이다.

궁극적으로는 감사인의 책임 범위를 정하는 감사기준을 개정할 필요가 있다. 새로운 정보 기술 활용에 따른 감사인의 책임 범위가 과도하게 확대되지 않도록 명확하게 정의하는 방식 등을 고려할 수 있다. 감사 실패 확률을 정보 기술과 인공지능을 활용해 실질적으로 감소시킬 수 있음에도 불구하고, 전통적인 감사 방식보다 감사인의 책임 범위(소송 위험, 감리 위험)가 과도하게 증가할 경우에 감사인은 정보 기술 도입에 소극적일 수밖에 없기 때문이다.

참고문헌

이선애(2023.3.2). [회계도 AI시대] ①늘어나는 부정행위… 이상징후 탐지에 횡령 방지도. ≪아시아경제≫.

토크아이티(Talk IT)(2024). 효율적인 내부회계관리: IT 운영팀과 내부회계팀을 위한 자동화 솔루션 [토크아이티 프리미엄 웨비나, 로그스택].
https://www.youtube.com/watch?v=EB96mY6deeE

AICPA(2020). Rutgers AICPA data analytics research initiative (RADAR) Key Learnings document.
https://www.aicpa-cima.com/resources/download/rutgers

-aicpa-data-analytics-research-initiative-radar-key-learnings

Huang, F., et al.(2022). Audit data analytics, machine learning, and full population testing. *The Journal of Finance and Data Science*, pp.138-144.

IAASB(2016). Exploring the growing use of technology in the audit, with a focus on data analytics. https://www.iaasb.org/publications/exploring-growing-use-technology-audit-focus-data-analytics

IAASB(2022). Proposed international standard on auditing 500(Revised), audit evidence, and proposed conforming and consequential amendments to other ISAs. https://www.iaasb.org/publications/proposed-international-standard-auditing-500-revised-audit-evidence-and-proposed-conforming-and

IAASB(2024). Proposed international standard on auditing 240(Revised): The auditor's responsibilities relating to fraud in an audit of financial statements. https://www.iaasb.org/publications/proposed-international-standard-auditing-240-revised-auditor-s-responsibilities-relating-fraud-audit

IFAC(2017). IAASB data analytics video. https://youtu.be/GiZGrJkv3H8

IFAC(2018). IFAC TAG webinar on data analytics. https://youtu.be/rfmbP_Z8bJQ

Yoon, Y., et al.(2023). An exploratory study on auditing standards for embracing new technologies: Remote inventory observation and data analytics, *2023 Korean Accounting Association Summer International Conference*, pp.1-39.

09
인공지능을 활용한 회계자문과 정보 보안

최신 인공지능 언어 모델은 문서 요약 등을 훌륭하게 수행한다. 이런 범용 언어 모델을 활용해 특정 도메인의 문제를 해결하기 위한 시도들도 진행되고 있다. 회계 분야에서도 추가 훈련 및 RAG 방법 등을 활용해 성능 개선을 시도하고 있다. 이를 통해 기존에 존재하지 않았던 일회성의 복잡한 거래에 대해서도 인공지능 모델로부터 높은 수준의 답변을 기대할 수 있게 되었다. 또한 이 과정에서 발생하는 정보 보안 문제도 함께 논의한다.

AI와 화장품?

일상적인 업무와 비경상적 업무

기업의 일상적인 업무 자동화와 이를 처리하는 시스템 및 내부통제 등이 고도화되면서 기업의 활동을 기록한 회계기록도 자동화되었다. 앞으로는 사람의 단순노동은 더욱 줄어드는 방향으로 진행될 것이다. 기업에서 발생하는 거래의 대부분은 회사의 주된 영업 행위와 관련되는 몇 가지의 유형으로 정형화할 수 있을 것이다. 하지만, 일회성이거나 기존에 존재하지 않았던 새로운 방식의 거래는 기업의 경영 환경 변화에 따라 늘 존재했고, 앞으로도 계속 발생할 것이다.

이들 새로운 유형의 거래를 회계처리하기 위해 회계기준을 해석하고 적용하는 영역은 인공지능이 발전해도 계속 전문가(인간)의 개입이 많이 요구되는 영역으로 남아 있을 것이다. 그러나 이들 새로운 거래와 관련한 회계처리 및 관련 자료를 검색하고, 해당 자료를 분석, 요약, 적용하는 업무의 상당 부분은 인공지능이 보완할 수 있을 것이다. 이 장에서는 이 역할을 수행할 인공지능 모델의 활용 동향과 인공지능 사용 시 유의할 사항들을 살펴보겠다.

인공지능을 이용한 회계자문

특정 거래에 대한 설명을 생성형 언어 모델에 입력하고, 회계처리를 요청하면 답변을 받을 수 있다. 초기 모델에서는 오류가 많았지만, 이후 모델이 개선됨에 따라 회계 분야의 답변도 상당 부분 개선되고, 많은 내용을 올바르게 답변하는 것으로 나타났다.

다만, 이러한 ChatGPT 등 범용 인공지능 언어 모델의 답변은 공개된 자료를 바탕으로 학습(개발)되었다는 특징이 있다. 또한 회계처리와 관련된 공개된 모든 자료가 학습에 사용되지는 않았을 것으로 가정할 수 있다.

더욱이 특정 회계처리의 답변을 위해서는 "일반적으로 변화하지 않는 회계 이론 및 개념"과 함께, "사회적 합의에 의해 지속적으로 개정되는 내용을 반영한 최신 회계기준" 또는 "다양한 회계처리 대안들 중에서 유권해석기관의 최종 결정"을 함께 고려해야 올바른 답변을 얻을 수 있는 경우들도 있다. 하지만 이러한 내용을 포함한 문서들이 인공지능 언어 모델의 훈련과정에서 사용되지 않았다면, ChatGPT 등이 제공하는 답변에는 관련 내용이 반영되어 있지 않으므로 부정확한 답변을 얻게 될 가능성이 높다.

이러한 인공지능 언어 모델의 한계를 극복하는 방법

중의 하나로 질문을 확장해, 참고할 문서와 최종 질문을 함께 인공지능 언어 모델에게 제시하는 방법이 제안되었다. 인공지능 모델의 훈련 단계가 아닌 활용 단계에서도 질문과 관련된 자료를 질문에 포함해 제공할 경우, 답변이 개선된 사례들이 존재한다(윤양인, 2024).

하지만 많은 경우, 특정 거래와 관련되는 회계기준이나 유권해석(질의회신) 등을 이용자가 사전에 충분히 알고 있지 않은 경우를 가정하는 것이 합리적일 것이다. 또한 회계에 대한 어느 정도의 지식은 있지만 전문가가 아닐 경우에는 관련 자료를 알고 있지 못할 가능성이 더 높아질 것이다. 이 경우 인공지능 언어 모델에 사용자가 질문을 제시할 수는 있지만, 참조할 문서까지 사용자가 인공지능 모델에게 제공하는 것은 현실적으로 어려울 수 있다. 따라서 인공지능 언어 모델에게 제시하기 위해 특정 질문과 관련성이 높은 문서를 조직이 보유한 방대한 내용들 속에서 정확하게 찾는 것이 더욱 중요해졌다.

오픈북 테스트의 정교화

ChatGPT(또는 범용 인공지능 언어 모델)로부터 올바른 답변을 얻기 위해서는 관련성이 높은 참고 문서를 찾아 인공지능 언어 모델에게 제공하는 것이 중요한 성공 요소인 것을 논의했다. 선별된 문서는 인공지능 언어 모델에게 제공되어 답변을 개선하는 데 활용하게 된다. 문제는 어떤 문서가 질문과 직접 관련이 있는지 검색해 선별하는 것이다.

가장 먼저 생각할 수 있는 것은 질문과 유사한 단어가 많이 나타난 문서들을 찾아서 해당 문서를 인공지능에 제시하는 것이다. 하지만 인간은 쉽게 알 수 있는 유의어와 동의어를 컴퓨터는 스스로 찾기 어려우므로, 정확히 일치된 단어가 포함된 문서만을 검색한다는 단점을 예상할 수 있다. 이를 해결하기 위해 특정 단어 및 해당 단어와 유사한 의미의 단어를 함께 적용해 문서를 검색하는 방법으로 확장할 수 있다. 하지만 유사어 리스트를 준비하려면 다시 사람의 노동력에 의존할 수밖에 없다. 또한 같은 단어라도 문맥 및 특정 전문 분야 등에서 사용되는 의미가 다를 수 있으므로 적용이 쉽지 않다.

이러한 키워드 기반 매칭 검색의 문제를 해결하기 위한 방법으로 최근에는 임베딩(embedding) 및 벡터 검색(vector search) 방법이 활용되고 있다. 간단히 요약하면, 단어 또는 문장(단락 또는 글 전체)의 의미를 유지하면서 숫자로 변환하는 것이다. 앞 장에서 문자를 숫자로 변환하는 내용에 대해 간단히 언급했다. A는 65, B는 66

등 개별 문자를 숫자로 변환하는 것이 아니라, 이러한 문자의 집합인 단어 또는 글의 의미를 고려해 숫자로 변환하는 것이다.

예를 들어 '붉은 사과'를 (2,2)로 변환했다면, '노란 참외'는 (3,4) 등으로 연결하는 것이다. 반면, '붉은 소방차'는 (2, -1)등으로 연결된다. 이러한 내용을 바탕으로 거칠게 추론하면, 앞의 숫자는 색깔을 표시하고, 두 번째 숫자는 음식 여부를 나타낸다고 짐작할 수 있다. 이렇게 일단 모든 단어를 숫자로 변환한다. 이후 '붉은 사과'인 (2,2) 부근의 다른 점을 찾아보니 (1.9, 2.1)인 점이 존재하고, 이에 이 점의 원천 단어를 찾아보니 '붉은 토마토' 등이 (1.9, 2.1)로 변환된 것임을 확인할 수 있다. 붉은색의 개념과 먹을 수 있는 물질의 개념이 '붉은 사과'와 유사해 해당 점과 유사한 위치에 '붉은 토마토'가 배치된 것이다.

따라서 개별 단어들을 그 의미를 보존하면서 공간상에 위치한 점(벡터)으로 변환하고, 우리가 찾기를 희망하는 해당 점(벡터)과 유사한 위치(또는 방향)에 존재하는 다른 변환된 점들이 있다면, 해당 점의 원래 단어를 찾으면 비슷한 의미를 갖고 있다는 논리를 활용하는 것이다. 앞에서는 단어를 예시로 설명했지만, 문장 또는 일정한 길이의 글을 이렇게 공간상에 위치한 점(벡터)으로 변환하는 것을 활용할 수 있다. 물론 앞에서는 순차적인 숫자 두 개를 예로 들어 설명했지만, 한 단어(문서)를 여러 개(200개, 500개 등)의 수치의 집합으로 변환할 수도 있을 것이다. 이렇게 숫자의 개수(차원)가 증가할수록 텍스트의 복합적인 의미를 유지하면서 수치로 표현할 수 있을 것이라고 가정한다.

문제는 어떻게 단어(글)를 숫자로 변환할 것인가, 이다. 이에 대해 다양한 아이디어(embedding, encoding)가 제시되었고, 앞서 살펴본 인공신경망을 활용해 숫자로 변환하는 방법이 현재 활발히 연구되고 활용되고 있다. 이런 방법을 통해 사용자가 인공지능에게 요청하는 질문을, 질문의 의미를 보유하면서 이를 숫자(벡터)로 변환한다. 이와 함께 회사(조직)가 보유한 문서들도 그 의미를 유지하면서, 숫자(벡터)로 변경한다. 그 다음 공간상의 점으로 변환된 질문과 기존 문서들을 비교해 관련성이 높은(또는 유사한 위치에 있는) 참고문서를 선별할 수 있다.

이러한 개별 문서를 공간상의 점으로 변환하고, 유사한 위치에 있는 점들을 참는 방법을 통해 이제 오픈북 시험을 치를 준비가 되었다. 질문과 참고할 문서를 확보했으므로, 우리는 이 내용을 모두 고려해 인공지능에게 우리가 원하는 답을 제시해 주도록 요청할 수 있다. 인공지능 훈련에 활용하지 않았거나, 훈련에 활용했더라도 강조하고 싶은 문서를 함께 제공해 답변을 개선하는 기법을 RAG (Retrieval-Augmented Generation)라고 불린다. 현재 임베딩, 벡터 검색 등과 결합해 활발히 응용되고 있다(Lewis, et al., 2020; Gao, et al., 2023).

회계에 특화된 생성형 인공지능

회계 문제에 특화되어 관련 질문에 신속하게 답해 주는 전문화된 인공지능 언어 모델이 제안되고 있다. 우리나라의 경우, 대형 회계법인이 출시한 챗봇이 있고, 한국공인회계사회도 인공지능 언어 모델을 출시했다(선한결 2025; PwC Korea, 2024). 이러한 인공지능 언어 모델은 일반 범용 언어 모델보다 추가적인 정보(회계 관련 문서)를 활용해 트레이닝 되었거나, 답변 시 관련 문서를 함께 활용해 답변 생성 시 활용하므로 회계 문제 해결에 보다 정확한 답변을 제시할 것으로 기대되고 있다.

정보 보안과 생성형 인공지능

범용 인공지능의 성능 저하를 해결하기 위해 추가 정보

를 제공하는 것이 필요함을 논의했다. 또는 해결하고 싶은 구체적인 상황을 제시하기 위해서는 인공지능에게 우리(또는 회사)가 보유한 고유의 정보나 문서를 질문의 형태로 인공지능에게 제시하게 된다. 인공지능에게 제시된 질문 내용이 공개된 정보이거나 공개되어도 문제가 없는 경우에는, 외부의 인공지능을 인터넷 연결 등을 통해 제한 없이 활용할 수 있다. 하지만 상당 부분의 경우, 기업 내부의 기밀 정보가 질문에 필연적으로 포함되게 된다.

예를 들면, 두 법인의 합병 시 예상되는 합병 회계처리나 회계 결산 과정에서 산출되는 잠정 이익(또는 주당 순이익) 등의 산출에 외부 인공지능 언어 모델을 활용하는 경우를 생각해 볼 수 있다. 또는 중요 합병 또는 거래 계약서의 초안에 대해 회계 측면의 주요 쟁점을 검토하거나, 법률 리스크 평가 등을 진행할 수도 있을 것이다. 간단하게는 회의를 녹음해 회의록 형식으로 변환하거나 요약하는 작업에 인공지능을 활용할 수 있다. 이러한 내용은 모두 기업 내부의 보안 유지가 필요한 정보임을 쉽게 알 수 있다. 실제로 국내 대기업도 보안 측면 등을 고려해 외부 생성형 인공지능의 활용을 제한하고 있다(정두용, 2023; 장하나, 2023).

정보 보안을 고려한 인공지능 활용과 과제

정보 유출의 우려 때문에 생성형 인공지능 제공사와 별도의 계약을 체결, 입력할 내용에 대한 보안 유지를 요청할 수 있다. 또는 외부 인공지능을 사용하는 대신 내부의 전산 설비를 이용해 조직 스스로 독자적인 인공지능 모델을 개발, 운영하기도 한다. 이 경우, 회사 내부의 기밀 문서를 인공지능 모델의 개발과 훈련에 적극적으로 활용할 수 있다. 또한 RAG 등을 구현하는 과정에서 보안이 필요한 문서를 인공지능에게 참고 자료로 무제한 제공해 이를 활용할 수 있으므로 정보 유출의 리스크를 줄이면서도 인공지능 언어 모델의 장점을 적극적으로 활용할 수 있다. 다만, 이 경우에도 부서 간 정보 차단벽(Chinese wall) 등이 효과적으로 운영될 수 있도록 주의해야할 과제가 존재한다.

참고문헌

PwC Korea(2024). 삼일PwC 거버넌스센터 | AI Accountant! 삼일PwC의 AI 회계사를 소개합니다. https://www.youtube.com/watch?v=7xmH3YPFIwI

선한결(2025.1.3). 한국공인회계사회, AI 회계 · 세무 서비스 '챗CPA' 출시, ≪한국경제기사≫, https://www.hankyung.com/article/202501034206i

윤양인(2024a). ChatGPT와 회계정보: 온실가스 회계기준 적용 및 XBRL보완 가능성 탐색을 중심으로. ≪한국콘텐츠학회논문지≫, 124-135쪽.

장하나(2023.5.2). '챗GPT 사내금지' 삼성전자, 직원업무 도울 자체 AI 도구 만든다, ≪연합뉴스≫, https://www.yna.co.kr/view/AKR20230502125400003

정두용(2023.3.30). 우려가 현실로… 삼성전자, 챗GPT 빗장 풀자마자 '오남용' 속출. ≪이코노미스트≫.

Gao, Y., et al.(2023). Retrieval-augmented generation for large language models: A survey. arXiv preprint arXiv:2312.10997.

Lewis, P., et al.(2020). Retrieval-augmented generation for knowledge-intensive nlp tasks. *Advances in neural information processing systems*, 33, 9459-9474.

10
회계 분야 인공지능 활용의 과제

인공지능을 회계 업무에 활용해 업무가 더욱 효율화될 것임은 자명해졌다. 하지만 인공지능 또한 완벽하지 않으므로 잠재적 리스크에 대비하거나 전담 조직을 운영할 필요성이 논의되고 있다. 이와 함께 회계, 특히 회계감사 분야에서는 인공지능 및 자동화 기술로 인해 감사 보수 산정 방식의 근본적인 변화가 불가피하게 되었다. 회계정보가 인공지능과 결합하는 과정에서 본연의 의도가 올바르게 실현되기 위한 방안을 논의한다.

종교와 AI?

인공지능 활용과 리스크 관리

회계와 관련된 업무에 인공지능 모델, 특히 인공지능 언어 모델이 다양하게 적용될 것으로 예상할 수 있고, 그 변화의 정도는 더욱 빨라지고 있다. 본 장에서는 이를 위해 회계사 및 회계 업무 담당자가 고려해야 할 부분에 대해 논의하고자 한다.

인공지능 모델이 조직 내에서 전방위적, 동시다발적으로 활용되는 것을 예상할 수 있다. 이에 대한 전사적 차원에서의 관리 및 모니터링이 필요할 것이다. 앞 장에서 소개한 초기 수준의 RPA가 기업에 도입될 때에도 다양한 업무에서 RPA가 활용되었다. 이때는 회계 업무 수행자가 포함된 개별 현업 담당자가 자율적으로 RPA를 도입하는 것이 가능했다. 하지만 RPA 도입 및 운영을 전담하는 COE(Center Of Excellence) 팀을 별도로 운영해, 자동화 도입 효과를 극대화하고, 리스크는 최소화하는 역할을 담당했다(백승헌, 2020). 이와 유사하게 인공지능(또는 인공지능 에이전트)을 도입하는 조직 입장에서도 전사적인 차원에서 인공지능 활용을 촉진하고, 모니터링 등을 전담하는 조직을 운영하는 것을 고려할 필요가 있다(삼정KPMG, 2024; 딜로이트, 2025).

특히 인공지능 언어 모델의 성능이 대폭 개선되고 있

지만 아직까지는 분명한 한계가 존재한다. 회계와 같이 수치적 계산이 함께 적용되는 분야에서는 인공지능 모델의 결과를 재점검하거나 인공지능 모델의 활용과 관련된 리스크를 관리할 수 있는 프로세스와 조직을 운영하는 것을 고려할 필요가 있다.

사내 데이터 관리

인공지능 모델의 성능은 급속히 발전하고 있다. 이러한 인공지능 모델의 성능 향상을 위해 대규모 장비를 이용한 모델의 개발을 설계하고 훈련한 결과, 과거에는 없었던 놀라운 성능 개선을 얻게 되었다. 하지만 이와 함께 인공지능 모델의 개발(훈련)에 필요한 데이터에 대한 중요성이 강조되었고, 모델의 규모와 동일한 수준으로 인공지능의 훈련을 위한 데이터의 중요성도 강조되고 있다. 같은 규모의 모델을 사용하는 경우라도 어떤 데이터를 활용하느냐에 따라 인공지능의 성능이 달라진다. 따라서 인공지능 모델의 훈련 및 운영 측면에서 데이터를 활용하는 수준에 따라 조직의 경쟁력에 차이가 발생할 수 있다.

인공지능 언어 모델을 통해 수많은 비정형 데이터를 정형 데이터로 변환하는 것이 가능해졌다. 하지만 처음부터 인공지능이 활용하기 쉬운 형태로 조직의 자료를 관리한다면 데이터의 활용성을 더욱 높일 수 있을 것이다. 조직이 내부 데이터의 관리 방식을 처음 설계할 때부터, 향후 인공지능 모델에 데이터를 투입하기 용이한 방식을 고려하는 것이 필요할 것이다. 인공지능 모델이 조직의 데이터를 수월하게 활용할 수 있도록, 그리고 인공지능 언어 모델과의 협업(co-pilot)이 활발하게 이루어질 수 있도록 데이터를 관리하는 것이 중요해졌다. 즉, 조직 내 데이터를 생성 및 관리하는 것이 경쟁력 향상과 직결될 수 있다.

이는 조직(회계법인) 내에서 생성되는 감사 조서, 검토 문서, 제안서 등의 문서 관리에서도 동일하다. 공인회계사가 감사 과정에서 작성하는 감사 조서 문서의 경우에도 상당 부분 생성형 언어 모델로 자동화하는 것이 가능해질 것이다. 이 경우 감사 업무의 효율성 또한 대폭 개선될 것으로 예상할 수 있다.

또한 보안을 위해 사내 인공지능 언어 모델의 운영이 활성화될수록 RAG 등에 활용하기 위한 문서의 체계적인 분류 및 관리가 중요해질 것이다. 앞 장에서 설명한 벡터 검색 등으로 방대한 문서 속에서 필요한 문서를 효과적으로 검색하는 것도 가능할 것이다. 하지만 문서를 저장하는 단계에서부터 향후 인공지능 모델의 사용성을 고려한다면 그 효과를 더욱 극대화할 수 있을 것이다.

데이터 분석의 일상화

데이터 수집 및 관리가 일상화됨에 따라 회계사를 포함한 모든 직종에서 데이터 활용 능력이 요구될 것이다. 인공지능 언어 모델이 데이터 분석을 보조해 주기 때문에 전문적인 대규모 자료 분석을 위한 SQL(데이터베이스 시스템을 활용하는 명령어) 등 컴퓨터 관련 지식은 필요 없을 수도 있다. 하지만 테이블과 컬럼 등의 전통적 데이터 관리 방식, 다양하게 분산된 데이터(테이블)의 조합을 통한 자료 분석, 가설 설계 및 데이터를 통한 가설 검증, 이상 관측치 선별 등의 역량은 더욱 요구될 것으로 예상된다(김태식, 2023).

간단한 작업에서부터 데이터 분석을 생활화해 다각도로 활용하는 시도가 중요하다. 회계는 기업의 모든 분야의 정보가 집중화된 곳이다. 이제는 ERP 등 정보 시스템을 통해 회계정보와 해당 거래 원천 정보를 손쉽게 연계하는 것이 가능하다. 따라서 데이터 분석이 더욱 요구될 것이며, 기회 또한 발견할 수 있을 것이다.

인공지능 활용에 대한 제도적 인센티브 부여

앞 장에서 일부 논의한 것처럼, 빅데이터 분석과 인공지능 모델을 활용함으로써 감사 범위가 확대되고 감사 품질을 높일 수 있음에도 불구하고, 감사인의 책임 범위 또한 확대됨으로써 정보 기술의 적극적인 활용이 저해되는 측면이 존재한다.

인공지능이 만능이 아니므로, 감사인의 책임을 인공지능 등 정보 기술을 사용한다는 이유로 면책하자는 주장은 아니다. 하지만 사회적인 비용 대비 효익을 고려할 경우, 감사 범위 확대(전수 표본 감사)에 따른 감사 품질 향상을 위해 데이터 분석 및 활용과 관련된 감사인의 책임 범위를 조정할 필요가 있다.

또는 기존 샘플링 방식의 일부 수행과 빅데이터 분석 방식의 감사를 병행하되, 샘플링 표본의 수를 조정하고, 샘플링 방식에서의 이상치가 없을 경우 감사인의 책임을 완화해 전수 표본검사 등의 인센티브를 부여하는 것도 고려할 수 있다.

그 연장선상에서 현재 감사 보수의 산정 근거가 되는 감사 시간(표준감사 시간)에 대한 새로운 차원의 접근이 필요하다. 기존에 수작업으로 개별 회사마다 사업자등록번호를 키보드로 입력해 조회하던 거래처 휴폐업 조회 방식과 RPA를 사용하는 방식은 업무 시간의 비교 자체가 무의미해졌다. 정보 기술을 통한 자동화로 RPA를 활용하면, 저녁에 퇴근하면서 RPA를 실행하고, 퇴근 후 아침에 출근하면 결과를 확인할 수 있다. API 기능을 활용하면 순식간에 조회 결과를 얻을 수 있다. 특히 외부 감사인의 감사 시간과 정보 기술 활용 간의 조화로운 해결에 대한 필요성이 지속적으로 제기되어 왔고(김경률, 2023), 관련 기관에서 대안을 마련하는 것으로 알려져 있다(금융감독원 외, 2024). 기초적인 대안으로는 동일한 결과를 얻기 위해 필요할 것으로 예상되는 기존의 전통적 감사 방식을 적용한 시간으로 변환하는 방법 등을 고려할 수 있다. 하지만 전수 검사 등을 전통적 방식의 감사 시간으로 기계적으로 변환하는 것이 과연 의미가 있는 것인지 검토해볼 필요가 있다.

단순한 투입 시간 방식의 감사 보수 산정도 필요하지만 감사 결과 및 감사 품질을 바탕으로 회계감사를 진행한 감사 범위(전수 표본검사) 등을 감사 보수 산정의 측정 기준 지표로 활용하거나 변경하는 것도 고려할 수 있을 것이다.

자본시장의 인프라인 회계와 인공지능

기업의 건강 상태를 나타나는 회계정보가 투명해질수록 건강한 기업은 더욱 건강해지고, 혈색이 안 좋은 기업은 초기에 바로 적절한 치료를 통해 건강한 기업으로 회복할 수 있을 것이다. 전문성이 높은 회계사와 인공지능이 결합되면, 회계의 투명성을 강화하고 기업의 상태를 보다 정확하게 평가할 수 있을 것이다.

인공지능 기술이 발달함에 따라 단순 반복적인 업무가 다시 한 번 크게 줄어들 것으로 기대된다. 이는 회계 관련 업무에서도 동일하게 적용될 것이다. 비로소 인간이 단순노동에서 벗어나 보다 의미 있는 활동에 집중할 수 있게 될 것이다. 인공지능을 활용한다면, 인간의 사회적 약속에 의해 탄생한 회계정보가 처음 도입된 의도에 보다 부합하고 더욱 올바르게 활용될 수 있을 것으로 기대한다.

참고문헌

금융감독원 외(2024.9.24). '디지털 감사기술 도입 지원 T/F' 운영 결과 및 향후 계획.

김경률(2023). 종합토론, 한국회계학회-한국경영학회 초거대 AI 융합세미나.
https://www.youtube.com/watch?v=cfZYwbn6qJc

김태식(2023). chatGPT와 회계학의 발전 방향, 한국회계학회-한국경영학회 초거대 AI 융합세미나. https://www.youtube.com/watch?v=cfZYwbn6qJc

딜로이트(2025). 아시아 · 태평양 AI 거버넌스 서베이: AI 신뢰 구축 통한 성장 전략.

백승헌(2020.9). 대세가 된 RPA, 코로나로 한층 더 주목 업무 시간 절감보다 사업성과 연결해야. ≪동아비즈니스리뷰≫, https://dbr.donga.com/article/view/total/article_no/9740

삼정KPMG(2024). 혁신의 부스터 인공지능(AI)에 물드는 금융.

윤양인

서울과학기술대학교 산업공학과 IT Management(ITM) 전공 교수로 재직 중이다. 서울대학교에서 산업공학과 경제학 학사 학위를 취득했으며, 미국 럿거스 비즈니스 스쿨(Rutgers Business School)에서 경영학 박사 학위(석박통합과정)를 받았다. 한국공인회계사이며, 삼일회계법인에서 회계감사 업무를 수행했다(2005~2006). 금융감독원에서 10여 년간 회계감리, 증권신고서 등 상장회사 공시감독 업무, 신용카드사·저축은행 등 금융기관의 건전성 및 영업 행위 감독 업무를 담당했다(2007~2022). 정보 기술을 회계 및 공시 분야에 적용하는 연구를 중심으로, 회계감사, 온실가스배출, 공시품질 등의 연구를 진행하면서 학생들을 가르치고, 관련 논문을 국내외 저널에 게재하고 있다.